Detonando Del Engaño Acerca de Israel

Steve Wohlberg

Un judío creyente expone las falsas profecías sobre
Israel, el templo y el Armagedón

Un creyente judío revela las falsas profecías
acerca de Israel, el templo, y el Armagedón

Publicado por
Endtime Insights
PO Box 850
Templeton, CA 93465

Editado por Debra J. Hicks / Russ Holt
Revisado por Arlene Clark / Jessica Esbona
Traducido por Manuel Henriquez
Diseño de cubierta por Allen Hrenyk / Craig Branham / Gary
Will
Foto de cubierta por Don Satterlee

PRESENTACIÓN DEL LIBRO
POR
DOUG BATCHELOR
DIRECTOR DE AMAZING FACTS
MINISTERIOS DE RADIO Y TELEVISIÓN

La Biblia es un libro para todas las personas, pero gira alrededor de un pueblo específico, los judíos. Es imposible tener una imagen clara de los eventos finales sin antes tener una comprensión correcta del papel de la nación judía en la profecía.

Como cristiano judío, estoy preocupado por las distorsiones mundialmente aceptadas con respecto a Israel y la profecía. Cuando Jesús vino por primera vez, el pueblo judío no estaba preparado para recibirlo debido a que habían mal entendido las profecías acerca de su reino. Cuando murió en la cruz, aun sus propios discípulos estaban confundidos, ya que buscaban un reino literal, en el cual el Mesías derrocaría a sus enemigos para poder recuperar la gloria terrenal de los tiempos de Salomón, pero Cristo había venido a establecer un reino espiritual (Lucas 17:21).

Ahora, poco antes de su segunda venida, el mundo

cristiano está repitiendo el mismo error de la nación judía. La gente está convirtiendo las cosas espirituales en literales y luego espiritualizan lo literal. La tragedia es que en el proceso, se están exponiendo a un chasco devastador.

Steve Wohlberg descubre con valentía estos populares pero peligrosos malentendidos en un estilo claro y progresivo que resulta ser irrefutable para los estudiantes honestos de la Biblia. Ore, lea, y ¡sujétese bien de su asiento!

—Doug Batchelor

CONTENIDO

INTRODUCCIÓN
DEL AUTOR

Cuando por fin llegó el 1º de enero del año 2000, se hizo obvio que las profecías de destrucción acerca del año 2000 (Y2K) habían fracasado. Serias predicciones acerca de un caos masivo de computadoras, interrupción de energía, fallas bancarias, quiebras en el Mercado de Valores y lanzamiento de misiles nucleares que darían como resultado el terror global, probaron ser falsas profecías.

¿Será posible que ciertas profecías populares de los últimos tiempos acerca de Israel también fallen?

En la víspera del año nuevo de 2000, la policía israelita se movilizó en cantidades nunca antes vistas. Estaban determinados a mantener la paz en medio de grandes preocupaciones acerca del terrorismo y las posibles acciones explosivas de fanáticos religiosos. Cientos de miles de peregrinos y adoradores se agolpaban cerca del Muro de los Lamentos en el Templo del Monte. Reporteros de todo el mundo merodeaban por toda la Ciudad de David. Con la llegada del tan esperado nuevo milenio, el interés apocalíptico estaba en aumento. Mucha gente pensaba, "si la llegada del año 2000 tiene algo que ver con el fin del mundo, con seguridad ¡Jerusalén es el lugar más seguro!"

Pero no pasó nada.

¿Por qué están puestos los ojos de muchos en Jerusalén? Hay muchas razones, pero una es la que sobresale. La verdad es que literalmente millones de cristianos interesados en las profecías bíblicas, creen que los eventos finales de la tierra, un día se centrarán alrededor del Medio Oriente, Jerusalén y los judíos. De acuerdo a lo que es comúnmente entendido, lo que suceda a la nación de Israel está *definitivamente* conectado con la batalla final del Armagedón, el regreso de Jesucristo, y el fin del mundo.

La edición del 1⁰ de noviembre de 1999 de *Newsweek*, en su comentario acerca del Y2K y las preocupaciones de los cristianos, reportó: "El asunto predominante en la profecía cristiana es el regreso de los judíos a la Tierra Santa y la reconstrucción del templo de Jerusalén".*

Hoy, respetados eruditos cristianos como Hal Lindsey, Jack Van Impe, Dave Hunt, Peter Lalonde, Irvin Baxter Jr. y Tim LaHaye enseñan el significado de Israel en la profecía. La preponderante película cristiana, *Dejado atrás: La película*, que comienza con un ataque sorpresivo de parte de Rusia a Israel, continúa esta tendencia de asociar las profecías del libro de Apocalipsis, con la reconstrucción del Templo judío sobre el Monte del Templo.

Mientras que hay diferencia de opinión entre los eruditos cristianos que enseñan acerca de las profecías bíblicas, la mayoría cree firmemente que los siguientes cinco eventos han sido predichos por Dios y habrán de ocurrir antes de la segunda venida de Cristo: (1) el renacimiento del estado de Israel en 1948, (2) un pronto advenimiento de un "Período de Siete Años de Gran Tribulación", (3) la reconstrucción de un tercer templo judío sobre el Monte del Templo dentro de Jerusalén, (4) el levantamiento de un hombre misterioso, el Anticristo, que entrará en este templo judío reconstruido, proclamándose a sí mismo como Dios, (5) una guerra final contra la nación de Israel, lo que detonará una batalla en el Medio Oriente conocida como Armagedón.

Podría sonar como blasfemia para algunos, pero el propósito de este libro es reexaminar la precisión de estas populares enseñanzas, a la luz de las Escrituras.

Antes de continuar, permítame decirle un poco acerca de mí mismo. Yo soy judío, y amo a los judíos. También creo que Jesucristo es mi Mesías. Por amor a la raza humana, "Cristo murió por nuestros pecados" (1 Corintios 15:3); se levantó de los muertos, y ha ascendido al cielo. Un día regresará a esta tierra, como prometió, y *todo lo predicho en las profecías bíblicas será cumplido*. La batalla del Armagedón será peleada. Y sí, habrá un "fin del mundo" (Mateo 24:14).

Aun así he llegado a una conclusión espantosa.

Estoy convencido de que, en las enseñanzas proféticas populares de hoy en día acerca de los últimos tiempos, existen *errores gigantescos* que no están en armonía con las palabras de Jesucristo o con el verdadero significado del libro de Apocalipsis. El Maestro nos advirtió, "Mirad que nadie os engañe" (Mateo 24:4). He tomado esta advertencia bien en serio.

Las profecías del milenio han fallado.

Ninguna explosión terrorista tuvo lugar en Jerusalén la víspera del nuevo milenio.

Usted está a punto de descubrir una prueba sólida del Nuevo Testamento, de que muchas predicciones Cristianas acerca de Israel también han de fallar.

El objetivo de este libro es refutar estas falsas profecías, antes que sea demasiado tarde.

Por favor lea este material con mucha oración. Su mensaje podría salvarle la vida.

---

*Kenneth L. Woodard, "The Way the World Ends" [La forma en que el mundo termina"], *Newsweek*, Nov. 1, 1999, pág. 73.

"ENTONCES REUNIERON A LOS REYES EN EL LUGAR
QUE EN HEBREO SE LLAMA ARMAGEDÓN.

Y EL SÉPTIMO ÁNGEL DERRAMÓ SU COPA POR EL AIRE.
Y SALIÓ UNA GRAN VOZ DEL TEMPLO DEL CIELO,
DEL TRONO, DICIENDO: "¡HECHO ESTÁ!"

ENTONCES HUBO RELÁMPAGOS, VOCES Y TRUENOS,
Y UN GRAN TEMBLOR DE TIERRA, UN TERREMOTO
TAN GRANDE CUAL NO LO HUBO JAMÁS DESDE
QUE LOS HOMBRES HAN ESTADO SOBRE LA TIERRA.

Y LA GRAN CIUDAD FUE DIVIDIDA EN TRES PARTES,
Y LAS CIUDADES DE LAS NACIONES CAYERON;
Y LA GRAN BABILONIA VINO EN MEMORIA DELANTE
DE DIOS,
PARA DARLE EL CALIZ DEL VINO DEL ARDOR DE SU IRA.

Y TODA ISLA HUYÓ Y LOS MONTES NO FUERON
HALLADOS.

APOCALIPSIS 16:16-20

Capítulo 1

LUCHANDO CON UN ÁNGEL

Ha escuchado alguna vez de un encuentro de lucha libre entre un ser humano y un ángel? Hasta donde sabemos, solamente ha sucedido una vez en la historia. Los detalles de esta antigua narración, registrada en Génesis capítulo 32, muy pronto tomarán un significado explosivo en nuestro estudio de Israel y la profecía bíblica.

Abraham vivió hace unos 4.000 años. Eventualmente tuvo un hijo llamado Isaac, luego Isaac tuvo un hijo al cual llamó Jacob. Este mismo Jacob fue quien luchó contra un ángel, el cual le cambió el nombre de Jacob por "Israel". Para poder entender el porqué de este extraño encuentro y su significado para nosotros hoy en día, debemos estudiar un poco de la historia de Isaac, Rebeca, Esaú y Jacob como se encuentra en Génesis capítulo 27.

"Cuando Isaac envejeció, y sus ojos se ofuscaron y quedó sin vista", decidió bendecir a Esaú, su primogénito, antes de morir (Génesis 27:1-4), pero primero lo envió al campo de cacería, para que le preparara una sabrosa comida. La esposa de Isaac, Rebeca, tenía otros planes. Conociendo la importancia de la "última bendición sobre el primogénito" de su esposo, codició esa bendición para su hijo menor, Jacob, quien era más espiritual que Esaú. Mientras que Esaú andaba de cacería, Rebeca rápidamente preparó una comida y convenció a Jacob para que se la llevara a Isaac y pretendiera ser Esaú (Génesis 27:5-17).

Cuando Jacob llevó la comida a su padre, mintió: "Soy Esaú tu primogénito. Hice como me pediste. Levántate, y come de mi caza, para que me bendigas" (versículo 19). Al preguntar Isaac cómo era que había matado un animal tan pronto, Jacob volvió a mentir: "Porque el Eterno tu Dios la puso ante mí" (versículo 20). Con recelo, Isaac preguntó, "¿Eres tú mi hijo Esaú?" Jacob mintió por tercera vez,: "Yo soy" (versículo 24). Isaac finalmente le creyó y dio la bendición del primogénito a Jacob (versículos 25-29).

Un poco después Esaú regresó de su viaje de cacería, entonces Isaac se dio cuenta de que le habían tomado el pelo. Dijo a Esaú, "Vino tu hermano con engaño, y tomó tu bendición" (versículo 35). Entonces "Esaú aborreció a Jacob. Y dijo en su corazón: 'Llegarán los días del luto de mi padre, y mataré a mi hermano Jacob'" (versículo 41). Sin embargo, Rebeca descubrió el plan de Esaú y envió a Jacob con sus familiares a una tierra lejana, donde permaneció por 20 años (Génesis 27:43; 31:41). Jacob nunca más vio a su madre.

Génesis 32 describe lo que sucedió a Jacob 20 años más tarde en su viaje de regreso a su casa. Rodeado de una gran caravana de familiares y sirvientes, Jacob envió mensajeros delante del grupo para que le dijeran a Esaú que estaba en camino. Cuando estos hombres regresaron con las noticias de que Esaú también venía para encontrarlos y que 400 soldados lo acompañaban, el terror invadió el corazón de Jacob. Sintió una gran culpabilidad por sus pecados basados en el engaño y sintió temor por la seguridad de su familia. Así que, "aquella noche Jacob se levantó" y "se quedó solo" para suplicarle a Dios que lo perdonara y lo librara (Génesis 32:22, 24).

Entonces "luchó con él un Varón hasta el amanecer" (versículo 24). Oseas 12:4 dice que este hombre era en realidad un ángel. Suponiendo que este era su hermano enojado Esaú, Jacob luchó por su vida toda la noche. Entonces, al amanecer, este poderoso extraño se reveló a sí mismo, no como un enemigo, sino como un enviado del cielo, tocó el encaje del muslo de Jacob, "y se descoyuntó el muslo de Jacob mientras luchaba con él" (versículo 25).

De repente Jacob se dio cuenta de que este poderoso hombre era posiblemente su única esperanza. Golpeado e impotente, se agarró de él, clamando: "No te dejaré, si no me bendices".

"Y el Varón le preguntó: '¿Cuál es tu nombre?'

Y él respondió: 'Jacob'.

Y el varón le dijo: 'No se dirá mas tu nombre Jacob, *sino Israel*, porque has luchado con Dios y con los hombres, y has vencido'" (versículos 26-28, énfasis por el autor).

Esta es la primera vez que el nombre "Israel" es usado en la Biblia. El contexto revela su profundo significado espiritual. Al principio "Israel" era un nombre especial dado solamente a un hombre, Jacob, por el ángel del Señor. En la Biblia, los nombres personales significan más de lo que significan hoy. En aquellos tiempos, los nombres eran frecuentemente una descripción del carácter de las personas. Jacob literalmente significaba "engañador" o "mañoso". Cuando Esaú descubrió el pecado de engaño de Jacob, dijo a Isaac, "bien lo llamaron Jacob" (Génesis 27:36). Así que el nombre de "Jacob" era una descripción de su carácter y de su pecado. Cuando el Ángel preguntó: "¿Cuál es tu nombre?" ya sabía la respuesta, pero quería que Jacob dijera su propio nombre, lo cual representaba una humilde confesión de su pecado y la transformación de su vida. Jacob pasó la prueba, se arrepintió, y descansó por completo en la misericordia de Dios.

La respuesta: "No te llamarán más Jacob, sino Israel", revela que ¡Dios le había dado un nuevo carácter! La palabra "Israel" literalmente significa "Príncipe de Dios". Así que el nombre "Israel" era un *nombre espiritual*, simbolizaba la victoria espiritual de Jacob sobre su antiguo pecado de engaño. En otras palabras, el hombre "Jacob" era ahora un "Israel" espiritual. Como veremos muy pronto, esta verdad acerca de un Israel espiritual tomará un significado explosivo en nuestro estudio de Israel y la profecía bíblica.

Israel tuvo 12 hijos "que entraron en Egipto" (Éxodo 1:1-5). Uno de los hijos llamado José, tuvo varios sueños (Génesis capítulo 37), regresaremos a este punto más adelante. Los hijos de Israel se multiplicaron en Egipto y fueron forzados a la esclavitud hasta los tiempos de Moisés. Entonces Dios dijo a Moisés: "Dirás a Faraón: 'El Eterno dice: Israel es mi hijo, mi primogénito. Te digo pues, que dejes ir a mi hijo'" (Éxodo 4:22, 23). Aquí se encuentra un desarrollo importante en el pensamiento bíblico. El nombre "Israel" está siendo expandido. Ya no solamente se refiere a Jacob, sino también a su descendencia. Ahora la nación es llamada "Israel". Por lo tanto, el nombre "Israel" primeramente fue aplicado a un hombre victorioso, y luego a un pueblo. Era el deseo de Dios que esta nueva nación de Israel fuera victoriosa, como lo fue Jacob, a través de la fe en él. Dios llamó a esta nueva nación de Israel, "mi hijo, mi primogénito". Recuerde esto, ya que será de mucho significado en nuestro estudio.

El siguiente párrafo contiene pequeñas frases acerca de la nación de Israel que le parecerán secas al principio. Pero cosas sorprendentes pueden surgir cuando usted riega semillas secas. Esas pequeñas frases pronto germinarán y crecerán hasta llegar a ser árboles de gran significado cuando vayamos al Nuevo Testamento. Considérelas detenidamente.

Israel fue llamado "una vid" que Dios trajo "de Egipto" (Salmo 80:8). Dios dijo, "Pero tú, Israel, eres mi siervo... descendiente de Abraham" (Isaías 49:8). También Dios habló de "Israel mi elegido" (Isaías 45:4). Nuevamente, Dios dijo a través de Isaías: "He aquí mi Siervo, yo le sostendré; mi escogido, en quien mi alma tiene contentamiento; he puesto sobre él mi Espíritu; él traerá justicia a las naciones. No gritará, ni alzará su voz, ni la hará oír en las calles. No quebrará la caña cascada, ni apagará la mecha que humea; por medio de la verdad traerá justicia" (Isaías 42:1-3). Todas estas palabras fueron originalmente aplicadas a la nación de Israel. No olvide esto.

Alrededor del año 800 a.C. el Señor dijo a través del profeta Oseas: "Cuando Israel era muchacho, yo lo amé, y de Egipto llamé a mi hijo" (Oseas 11:1). Pero para este tiempo la nación de Israel, a la cual Dios amó, había fallado en vivir el significado espiritual de su nombre. No había vivido victoriosamente, como "príncipe de Dios". Tristemente Dios declaró: "A los baales sacrificaban, y a los ídolos ofrecían sahumerios" (Oseas 11:2). Aun así Dios tenía un plan especial. La frase "Cuando Israel era muchacho, yo lo amé, y de Egipto llamé a mi hijo", es en realidad como dinamita. En el capítulo 2 de este libro, ese versículo explotará con tremenda importancia al viajar al Nuevo Testamento.

Capítulo 2

*U*na nueva Mirada a Jesucristo

En este capítulo, comenzaremos a presionar el botón que hará estallar el "engaño acerca de Israel".

Habían pasado unos 800 años desde los tiempos del profeta Oseas. Por fin, el reloj profético del cielo dio las doce. Entonces, "Jesús nació en Belén de Judea, en días del rey Herodes" (Mateo 2:1). Debido a que el rey Herodes se sentía amenazado por este recién nacido y potencial rival del trono, envió soldados para "matar a todos los niños menores de dos años que había en Belén" (Mateo 2:16). Pero Dios advirtió a José respecto a la matanza. "Levántate, toma al niño y a su madre, y huye a Egipto. Y quédate allí hasta que yo te avise" (versículo 13). Así que la familia se levantó y "se fue a Egipto" (versículo 14).

Lo que sigue después de Mateo 2:14 es como una bomba atómica en implicaciones proféticas. Bajo la inspiración del Espíritu Santo, Mateo escribió que José, María y Jesús permanecieron en Egipto "hasta la muerte de Herodes. Así se cumplió lo que dijo el Señor por medio del profeta: 'De Egipto llamé a mi Hijo'" (versículo 15).

¿Se da cuenta lo que acaba de leer? Mateo está citando a Oseas 11:1, el cual, en su contexto histórico, se refería a la nación de Israel siendo llamada de Egipto en el tiempo de Moisés. Pero aquí el escritor del Evangelio toma este texto y lo declara ¡"cumplido" en Jesucristo!

Mateo está empezando a revelar un principio que desarrolla a través de su libro. El apóstol Pablo también enseñó ese mismo principio, como lo veremos a continuación.

Recuerde, la primera vez que el nombre "Israel" es usado en la Biblia, es un nombre espiritual dado a un hombre, el cual se llamaba Jacob (Génesis 32:28). Ese nombre tenía que ver con la victoria espiritual de Jacob. Significa "Príncipe de Dios". Así también, al principio del Nuevo Testamento, ese mismo nombre comienza a ser aplicado a un Hombre, al Victorioso, a Jesucristo, el Príncipe de Dios.

Hay increíbles paralelismos entre la historia de Israel y la historia de Jesucristo. En la historia Hebrea, un joven llamado José, que tenía sueños, fue a Egipto. En el Nuevo Testamento encontramos a otro hombre llamado José que tenía sueños y fue a Egipto. Cuando Dios sacó a Israel de Egipto, llamó a esa nación "mi hijo" (Éxodo 4:22). Cuando Jesús salió de Egipto Dios dijo: "De Egipto llamé a mi Hijo". Cuando la nación de Israel dejó Egipto, el pueblo cruzó el Mar Rojo.

Fueron "bautizados... en el mar" (1 Corintios 10:2). En el tercer capítulo de Mateo, leemos que Jesús fue bautizado en el río Jordán para "cumplir toda justicia" (versículo 15). Luego Dios llamó a Jesús, "mi Hijo amado" (versículo 17).

Después que los israelitas cruzaron el mar Rojo, vagaron cuarenta años en el desierto. Inmediatamente después que Jesús fue bautizado en el río Jordán, fue "llevado por el Espíritu al desierto" por cuarenta días (Mateo 4:1, 2). Al final de los cuarenta días, Jesús resistió las tentaciones del diablo al citar tres pasajes de las Escrituras. Las tres citas fueron de Deuteronomio, ¡el mismo libro que Dios diera a Israel al final de sus 40 años en el desierto! ¿Qué significa todo esto? Significa que en el libro de Mateo, Jesús está repitiendo la historia de Israel, punto por punto, y está triunfando donde ellos fallaron. Se está convirtiendo en el Nuevo Israel, el Príncipe de Dios, el Hombre que triunfa sobre el pecado.

Luego de haber sanado a una multitud de personas, Jesús "les encargaba rigurosamente que no lo descubriesen; para que se cumpliese lo dicho por el profeta Isaías, cuando dijo: 'He aquí mi Siervo, a quien he escogido; mi Amado, en quien me deleito. Pondré mi Espíritu sobre él, y a los Gentiles anunciará juicio. No contenderá, ni voceará, ni nadie oirá en las calles su voz. La caña cascada no quebrará, y el pabilo que humea no apagará, hasta que saque a victoria el juicio'" (Mateo 12:16-20).

Aquí Mateo está haciendo lo mismo que hizo con Oseas 11:1. Está citando Isaías 42:1-3, el cual en su contexto original se refería al "siervo" de Dios, el cual era "Israel… mi siervo" (Isaías 41:8). Nuevamente, bajo la inspiración del Espíritu Santo, el escritor del primer libro del Nuevo Testamento declara que Isaías 42:1-3 había sido ¡"cumplido" por el "siervo" de Dios, Jesucristo!

¿Y qué acerca de esas otras, aparentemente insignificantes pequeñas frases, acerca de la nación de Israel? Es tiempo de regarlas, también. Ahora deben germinar y crecer hasta hacerse árboles que alcancen los cielos. En el Salmo 80:8 Israel fue llamado una "vid". Y el mismo Jesús declaró: "Yo Soy la vid verdadera" (Juan 15:1). Dios se refirió a la nación de Israel como "mi hijo, mi primogénito" (Éxodo 4:22). El apóstol Pablo más tarde llamó a Jesucristo "el primogénito de toda la creación" (Colosenses 1:15). El profeta Isaías llamó a Israel "descendiente de Abraham" (Isaías 41:8). Pero Pablo escribió, "las promesas fueron hechas a Abraham y a su Descendiente. No dice: 'Y a sus descendientes', como si hablara de muchos, sino de uno solo: 'A tu Descendiente', que es Cristo" (Gálatas 3:16).

Este último texto es el más claro y ¡el más explosivo de todos! En el Antiguo Testamento, Dios definitivamente llamó a "Israel… descendiente de Abraham" (Isaías 41:8). Pero aquí Pablo escribió que "descendencia de Abraham" no se refiere a "muchos", sino a "uno solo… que es Cristo Jesús". Así que descubrimos que, en el Nuevo Testamento, lo que originalmente fue aplicado a la nación de Israel es ahora aplicado a Jesucristo. El Mesías es ahora "la simiente". Por lo tanto, ¡Jesucristo es Israel!

Pero aún hay más. En Génesis y Éxodo, el nombre "Israel" no solamente se refiere a un hombre victorioso, a Jacob, sino también a su descendencia, la cual llegó a ser Israel. El mismo principio es revelado en el Nuevo Testamento. Justo después de la afirmación hecha acerca de que Jesucristo era "la descendencia", Pablo dijo a los conversos gentiles: "Y ya que sois de Cristo, de cierto sois descendientes de Abraham" (Gálatas 3:29). Así que en el Nuevo Testamento, el nombre de Israel no solamente se aplica al victorioso Hombre, la Simiente Verdadera, Jesucristo, sino también a aquellos que están en Cristo. Los creyentes en Cristo llegan a ser parte de "la descendencia". En otras palabras, los verdaderos cristianos son ahora *el Israel espiritual de Dios.*

Dios hizo un pacto con las doce tribus de Israel al pie del Monte Sinaí. Sacrificios animales fueron ofrecidos. "Entonces Moisés tomó la sangre, roció sobre el pueblo, y dijo: "Esta es la sangre del pacto que el Eterno ha hecho con vosotros" (Éxodo 24:8). Al fin de su ministerio, Jesucristo hizo un nuevo pacto con los doce apóstoles en un aposento alto sobre el Monte Sion. Antes de ofrecerse a sí mismo como el máximo sacrificio, nuestro Señor declaró: "Esto es mi sangre del nuevo pacto, que va a ser vertida en favor de muchos, para el perdón de los pecados" (Mateo 26:28).

¿Qué significa esto? Quiere decir que Jesucristo, la verdadera Simiente, estaba haciendo ¡un nuevo pacto con un nuevo Israel!

Estos hechos fundamentales del Nuevo Testamento muy pronto tomarán un significado explosivo cuando examinemos lo que el libro de Apocalipsis *realmente enseña* acerca de Israel, el templo, la gran Babilonia, y el Armagedón.

Les sugiero que ¡se abrochen sus cinturones de seguridad!

Capítulo 3

El Impresionante Principio de los ¡Dos Israeles!

Alguna vez ha sido golpeado con tanta fuerza en la cabeza que se ha quedado viendo doble? Bueno, de acuerdo a lo que he estudiado, el mundo cristiano necesita ser golpeado fuertemente en la cabeza ¡con la verdad del Nuevo Testamento! Entonces más cristianos comenzarán a ver doble acerca del tema de Israel. De acuerdo al Nuevo Testamento, ahora existen ¡dos Israeles! "*no todos* los que descienden de Israel son israelitas" (Romanos 9:6, énfasis por el autor). En este capítulo descubriremos que hay un Israel "según la carne" (Romanos 9:3). Y un "Israel de Dios" (Gálatas 6:16), compuesto por judíos y gentiles, quienes tienen una fe personal en Jesucristo.

Pablo escribió: "Abraham creyó a Dios, y le fue contado por justicia. Por tanto, sabed que los que son de la fe, esos son hijos de Abraham" (Gálatas 3:6, 7). El argumento de Pablo es que Abraham tuvo fe, por lo tanto aquellos que tienen fe son sus hijos. Podríamos llamar a esto el "linaje por la fe." Esta verdad es como una llave que puede abrir un candado en nuestras cabezas. Una vez que el candado está abierto, entonces podemos entender el impresionante principio de los dos Israeles.

Juan el Bautista entendió y audazmente predicó la verdad acerca de el "linaje por la fe". "En esos días se presentó Juan el Bautista predicando en el desierto de Judea… Cuando Juan vio que muchos fariseos y saduceos venían a su bautismo, les decía… no penséis en vuestro interior: 'Tenemos a Abraham por padre', por que os digo que aun de estas piedras Dios puede levantar hijos de Abraham. El hacha ya está puesta a la raíz de los árboles. Todo árbol que no da buen fruto será cortado y echado en el fuego" (Mateo 3:1, 7, 9, 10).

Esos fariseos y saduceos eran parte de Israel por la carne. No tenían fe como Abraham, pero pensaban que eran su descendencia. Juan el Bautista les reveló ese engaño. Él les dijo "¡No piensen eso!" Luego Juan colocó el "hacha" en la raíz de los árboles al decir que si esos hombres no llevaban "buenos frutos" por la fe, como Abraham, entonces serían "cortados y echados en el fuego" (versículo 10). Así que el parentesco natural en sí misma no es suficiente. Sin fe y una conexión espiritual con Dios esos hombres estaban perdidos.

Jesucristo enseñó la misma verdad. Cierto grupo de judíos le dijó en una ocasión: 'Nuestro padre es Abraham'. Jesús les dijo: 'Si fuerais hijos de Abraham haríais las obras de Abraham'" (Juan 8:39). Ellos decían ser hijos de Abraham, pero no tenían fe. Al decir: "Si fuerais hijos de Abraham", Jesús estaba negando su declaración. Cristo continuó: "Pero ahora procuráis matarme, a mí que os he hablado la verdad que oí de Dios. Abraham no hizo eso. Vosotros hacéis las obras de vuestro padre" (Juan 8:40, 41).

Ellos respondieron "Tenemos un Padre, que es Dios". "Entonces Jesús replicó: 'Si vuestro padre fuera Dios, me amaríais; porque yo de Dios he salido, y he venido. No he venido de mí mismo, sino que Él me envió… Vosotros sois de vuestro padre el diablo, y los deseos de vuestro padre queréis cumplir. Él ha sido homicida desde el principio, y no permaneció en la verdad, porque no hay verdad en él. Cuando habla mentira, habla de lo que él mismo es; porque es mentiroso y padre de mentira. El que es de Dios, oye las Palabras de Dios. Por eso no las oís vosotros, porque no sois de Dios" (Juan 8:41, 44, 47).

¡Este es un versículo atómico! Jesucristo mismo dijo las palabras que hicieron pedazos una gran porción de las teorías proféticas mantenidas hoy en día en el mundo evangélico. Jesús estaba hablando a personas que declaraban ser israelitas, la descendencia de Abraham. Pero solamente eran ¡el Israel de la carne! Jesús dijo que no eran realmente la descendencia de Abraham. Debido a que no tenían fe y estaban siguiendo mentiras, su descendencia en realidad podía ser seguida hasta Satanás, ¡el padre de la mentira! Pronto separaremos las verdades de Dios de las mentiras de Satanás, cuando veamos lo que

Apocalipsis realmente enseña acerca de Israel, los 144,000, Babilonia y el Armagedón.

Jesucristo también enseñó este mismo concepto del "linaje por la fe" en Juan capítulo 1. Un judío muy espiritual llamado Natanael se preguntaba si Jesús de Nazaret era realmente el Mesías. Recluído en su lugar favorito bajo una higuera, oró por esa preocupación. Pronto un amigo lo introdujo ante el Salvador. Cuando Jesús lo vio venir, dijo: "¡Ahí viene un verdadero israelita, en quien no hay engaño!" (Juan 1:47).

Natanael tenía un linaje natural que llegaba hasta Abraham. Pero tenía más que eso. En su vida espiritual, había ganado victorias sobre el engaño. Cuando Jesús percibió que el linaje espiritual de Natanael se trasladaba hasta Abraham y Jacob, lo llamó "un verdadero israelita". Por lo tanto, así como el hombre Jacob llegó a ser un Israel espiritual, también este hombre Natanael llegó a ser un verdadero israelita. Era parte del verdadero Israel espiritual de Dios.

Así como hoy existen dos Israeles, así también hay dos tipos de judíos. Hay judíos en la carne y judíos en el Espíritu. En palabras de advertencia acerca de ciertos judíos que estaban violando los Diez Mandamientos, Pablo escribió: "Tú que te llamas judío, te apoyas en la Ley, y te glorías en Dios… En verdad la circuncisión aprovecha si guardas la Ley. Pero si desobedeces la Ley, tu circuncisión viene a ser incircuncisión. Y si el incircunciso guarda los requisitos de la Ley, ¿no será tenido por circuncidado?… Porque no es judío el que lo es exteriormente, ni es circuncisión la que se hace exteriormente, en la carne. Al contrario, es verdadero judío el que lo es en su interior, y la verdadera circuncisión es la del corazón, por medio del Espíritu, no en letra. Este recibe la alabanza, no de los hombres, sino de Dios" (Romanos 2:17, 25, 26, 28, 29).

¿Lo pudo usted ver? Alguien que es "llamado judío" debido a su descendencia física de Abraham, pero vive como un violador de la ley, "no es judío". Su "circuncisión viene a ser incircuncisión". Ante Dios, es un gentil. Y el gentil creyente, que a través de la fe "guarda los requisitos de la Ley", su incircuncisión es "tenida por circuncisión". Por lo tanto, para Dios, él es un judío. Las enseñanzas de Juan el Bautista, Jesucristo, y Pablo aprueban que el linaje natural no es suficiente. El hecho de que alguien sea o no sea un "verdadero israelita" depende de la fe y el carácter espiritual de esa persona. Pablo lo resume de esta forma: "Porque nosotros somos la verdadera circuncisión, los que adoramos según el Espíritu de Dios, y nos regocijamos en Cristo Jesús, y no ponemos nuestra confianza en la carne" (Filipenses 3:3). Cualquiera puede llegar a ser un "judío" hoy en día, ¡Aun si Adolfo Hitler haya sido su padre!

Estos conceptos de "linaje por la fe", judíos contados como gentiles y gentiles siendo contados como judíos, nos conducen a uno de los mayores dilemas que enfrenta el mundo evangélico de hoy. Este asunto es el corazón de la interpretación profética. En ella nos enfrentamos con dos opciones.

Una es la verdad, la otra es una mentira. Una conduce al cielo, y la otra, posiblemente, al infierno.

La gran pregunta es: "¿Y qué acerca de todas las promesas que Dios hizo a Israel en el Antiguo Testamento?" Si concluimos que esas profecías deben cumplirse en el Israel según la carne, entonces también debemos concluir que Jerusalén y la moderna nación judía eventualmente serán el centro de la batalla final del Armagedón. Pero si concluimos que esas promesas pueden legítimamente ser cumplidas en el Israel espiritual de Dios, entonces debemos reestudiar el libro de Apocalipsis para descubrir cómo sus profecías del tiempo del fin se aplican a los cristianos.

Pablo habla de este explosivo asunto en Romanos 9:2-8. Sus palabras requieren una cuidadosa reflexión. Con un "continuo dolor" en su corazón, Pablo escribió acerca de su "raza" judía "según la carne, los israelitas, que recibieron la adopción, la gloria, los pactos, la promulgación de la Ley, el culto *y las promesas*" (versículos 2-4, énfasis por el autor). Dios sí hizo promesas a Israel en el Antiguo Testamento. Pero, ¿Qué si algunos judíos no creen en él? ¿Puede Dios cumplir sus promesas a un incrédulo Israel según la carne? Si la respuesta es no, ¿ha fallado su Palabra?

La respuesta de Pablo a estas importantes preguntas es clara. "No es que la Palabra de Dios haya fallado, sino que no todos los que descienden de Israel son israelitas" (versículo 6). Note que el concepto de los "dos Israeles" es la seguridad que da Pablo de que ¡La Palabra de Dios no ha fallado! Vea detenidamente;

"no todos son israelitas [el Israel de Dios], los que descienden de Israel [la nación judía]". Por lo tanto un judío puede ser de la nación judía, y no ser parte del Israel de Dios. Entonces, aquí está la super explosiva pregunta. ¿Con *cuál* Israel cumplirá Dios sus promesas?

Pablo continúa: "Ni por ser descendientes de Abraham, son todos hijos. Sino que: 'En Isaac te será llamada descendencia'" (versículo 7). Puesto que no todos los descendientes físicos de Abraham son automáticamente hijos de Dios, por lo tanto sus promesas son para aquellos que están "en Isaac". Abraham tenía dos hijos. El primero era Ismael, que fue nacido según la carne. El segundo fue Isaac, que nació cuando Abraham tuvo fe en las promesas de Dios (Génesis 16:1-3, 15; 21:1-3; Romanos 4:18-21). En Gálatas 4:22-31, Pablo revela que Ismael representa a los judíos no creyentes, mientras que Isaac *representa* tanto a judíos como a gentiles que tienen fe. "Así que, hermanos, como Isaac, nosotros somos hijos de la promesa" (Gálatas 4:28). Los hijos de la promesa somos aquellos que "por la fe recibamos la promesa del Espíritu" (Gálatas 3:14). Por lo tanto, el Israel "en Isaac" es ¡el Israel de Dios en el Espíritu!

Pablo concluye: "Esto quiere decir, que no todos los hijos según la carne son hijos de Dios, sino que los hijos de la promesa son *contados* como descendientes" (Romanos 9:8, énfasis por el autor). Este es un resumen del razonamiento de Pablo: (1) En el Antiguo Testamento, Dios hizo la promesa a "la descendencia de Abraham" (2) esta "descendencia" continuaría en "Isaac", (3) Isaac nació a través de la fe, (4) Isaac representa a los que tienen fe, (5) todos los que tienen fe— judíos y gentiles— "son contados como descendientes", (6) esta "descendencia" forma el "Israel" de Dios, (7) Dios cumplirá sus promesas *en este Israel*, y (8) por lo tanto, "la Palabra de Dios" a Israel "no ha fallado", aunque algunos judíos por naturaleza no crean.

Así que ya tenemos la respuesta al enigma que tiene tanto significado en la interpretación profética. La Biblia es clara. Dios cumplirá sus promesas del Antiguo Testamento en aquellos que están "en Isaac", esto es, en su Israel en el Espíritu. Los que son solamente "los hijos según la carne *no son los hijos de Dios*, sino que los hijos de la promesa son contados como descendientes" (Romanos 9:8, énfasis por el autor). No deberíamos esperar que Dios cumpla sus promesas en un Israel según la carne que no cree, excepto, por supuesto, que esos israelitas por naturaleza decidan creer en Jesucristo.

Examinaremos otra sección atómica antes de cerrar este capítulo. Y qué acerca de la pregunta de Pablo: ¿"Ha desechado Dios a su pueblo"? (Romanos 11:1). Este versículo está siendo citado alrededor del mundo para probar que Dios no ha desechado al Israel según la carne. Pero considere la respuesta de Pablo: "¡De ninguna manera! Porque también yo soy israelita, descendiente de Abraham". Note que Pablo se usa a sí mismo como un ejemplo para probar que Dios no ha "desechado a su pueblo". ¿Quién es "su pueblo"?

En los siguientes tres versículos, Pablo se refiere a la antigua apostasía de Israel en los días de Elías. Dios dijo a Elías: "Me he reservado siete mil hombres, que no han doblado la rodilla ante Baal" (versículo 4). En el tiempo de Elías también había dos Israeles. Uno seguía a Baal, mientras que el otro seguía a Dios. Entonces Pablo hizo esta aplicación: "Así también, en este tiempo ha quedado un remanente elegido por gracia" (versículo 5). Así como en los días de Elías había un remanente fiel de Israel, también en los días de Pablo había un fiel remanente de judíos creyentes, quienes, así como él mismo, habían sido salvados por gracia. Estos son el pueblo de Dios. Es este fiel remanente del Israel espiritual al que con toda seguridad Dios no ha "desechado".

Pronto veremos tratarse este mismo asunto en el libro de Apocalipsis. Así como en los días de Elías, estamos ahora en medio de una gran apostasía. También ahora Dios tiene sus "siete mil" que no han "doblado sus rodillas ante Baal". Ellos son su fiel remanente, su Israel en el Espíritu. Así como Elías, ¡éstos estarán del lado de Jesús y de la verdad en el Armagedón!

"LA ELECCIÓN" Y LA NACIÓN ESCOGIDA

Desde la cumbre del Monte Sinaí, el Todopoderoso dijo a Moisés: "Así dirás a la casa de Jacob y denunciarás a los israelitas: Vosotros visteis lo que hice a los egipcios, y cómo os tomé sobre alas de águila, y os he traído a mí. Ahora, si dais oído a mi voz y guardáis mi pacto, entonces vosotros seréis mi especial tesoro sobre todos los pueblos, porque mía es toda la tierra. Y vosotros seréis mi reino de sacerdotes y gente santa" (Éxodo 19:3-6).

Note las palabras "si" y "entonces". Dios dijo que "si" Israel obedecía, "entonces" serían su especial tesoro. Esa pequeña palabra "si" envuelve algo muy grande. Esa palabra tiene que ver con *condiciones*. Dios amaba a Israel. Él los escogió no por alguna clase de obediencia de su parte. Los sacó de Egipto, los tomó sobre alas de águila, y los trajo a sí mismo. Pero, contrario a cualquier opinión popular, el uso que hace Dios de la palabra "si", hace claro que la continuación de sus favores a los israelitas era condicional a la respuesta que tuvieran por sus bondades, dependiendo de sus elecciones de obediencia. En otras palabras, los miembros de la nación escogida deben escoger ellos mismos en forma correcta, o ¡las consecuencias serán desastrosas!

Cuarenta años después, Israel entró en la tierra prometida y permaneció allí por 800 años. Durante este período, muchos respondieron al amor de Dios al obedecer su voz, pero la mayoría se extravió del camino de la justicia. Una y otra vez, Dios manifestó su misericordia levantando profetas y rogando a Israel que volviera al pacto. Pero la apostasía continuó y se profundizó. Finalmente, después de cientos de años de advertencia, llegó el desastre. En el año 722 a.C., las tribus del norte fueron llevadas cautivas por la cruel Asiria. En el 586 a.C., Judá fue dominada por Babilonia. Esto fue el resultado de las malas elecciones.

En el 586 a.C., los ejércitos de Babilonia destruyeron Jerusalén y quemaron el templo. Los judíos fueron trasladados de su tierra y llevados a la cautividad. Pero, en la misericordia de Dios, el exilio no sería permanente. El profeta Jeremías predijo "que la asolación de Jerusalén había de concluir en setenta años" (Daniel 9:2). Después de setenta años los judíos dejarían Babilonia, regresarían a su tierra y reconstruirían su templo y su ciudad. Dios había decidido dar a su nación escogida otra oportunidad para responder a su amor. En términos simples, el

Señor estaba diciéndoles: ¡"Fallaron rotundamente, intentemos nuevamente"!

Esta "segunda oportunidad" otorgada a la nación de Israel es revelada en la profecía de las "setenta semanas". Cerca del fin del cautiverio babilónico, el ángel Gabriel dijo a Daniel: "Setenta semanas están determinadas para tu pueblo y tu santa ciudad, para acabar la prevaricación, poner fin al pecado, expiar la iniquidad, traer la justicia de los siglos, sellar la visión y la profecía, y ungir al Santo de los santos" (Daniel 9:24). Estas setenta semanas estaban "determinadas" para el pueblo de Daniel, la nación de Israel. Durante ese período, la nación escogida tendría otra oportunidad para llegar a estar en armonía con Dios. Cerca del fin de ese período, algo grande sucedería. El Mesías vendría para "traer la justicia de los siglos". Como veremos en el capítulo 6, el destino de Israel como nación sería determinado en ese tiempo por su propia elección ¡Al recibir o rechazar al Mesías!

Las matemáticas nunca fueron mi clase favorita en la escuela. Pero debemos aplicarnos a un poco de matemáticas para poder entender esta particular profecía:

70 semanas = 490 días

Dios dijo a Ezequiel, quien era un contemporáneo de Daniel, "día por año te lo he dado" (Ezequiel 4:6). La profecía de las setenta semanas debe contarse como "día por año" puesto que debe alcanzar cientos de años antes de la venida del Mesías. Así que 490 días equivalen a 490 años. ¿Cuándo comenzó? Gabriel nos dice en el siguiente versículo, "Conoce, pues, y entiende que desde que salga la orden para restaurar y reedificar a Jerusalén hasta el Mesías Príncipe, habrá siete semanas, y 62 semanas" (Daniel 9:25).

Persia conquistó Babilonia en el 538 a.C. Entonces el rey Ciro decretó que los judíos regresaran a su tierra y reconstruyeran su templo (Esdras 1:1-3). Más tarde, el rey Darío dictó otro decreto que dio como resultado la terminación del templo (Esdras 6:1, 8). Un poco después, el rey Artajerjes dió permiso a Nehemías para reconstruir las paredes alrededor de la ciudad (Nehemías 1:3; 2:1-9). Pero el predicho decreto "para restaurar y reedificar a Jerusalén" no fue dado sino hasta que el rey persa Artajerjes dictó un largo decreto dando a Esdras autoridad oficial para poner "jueces y magistrados" sobre Jerusalén y "que administren justicia" sobre todos los que rechacen obedecer la ley de Dios y del rey (Esdras 7:21, 25, 26). Este fue el único decreto que restauró la autoridad civil total de Jerusalén y al estado judío.

Esa orden fue dada "en el séptimo año del rey Artajerjes" (Esdras 7:7). La fecha era 457 a.C. Es así como muchas Biblias lo citan en sus márgenes en el capítulo 7 de Esdras. Gabriel dijo: "Desde que salga la orden para restaurar y reedificar a Jerusalén, hasta el Mesías Príncipe, habrá siete semanas (49 años), y 62 semanas (434 años)" (Daniel 9:25).

49 años + 434 años = 483 años

Avanzando 483 años desde el 457 a.C. llegamos hasta el año 27 d.C., el tiempo de "el Mesías Príncipe". La palabra "Mesías" significa "Ungido". En el año 27 d.C., el cual era el año exacto predicho por la profecía, Jesucristo fue "ungido" por el Espíritu Santo en ocasión de su bautismo (Mateo 3:16, 17; Hechos 10:38). Entonces dijo Jesús, "*El tiempo se ha cumplido… ¡*Arrepentíos, y creed al evangelio!" (Marcos 1:15, énfasis por el autor). ¡Jesús sabía que estaba cumpliendo la profecía de Daniel capítulo 9!

El período total mencionado por Gabriel en Daniel 9:24 fue "setenta semanas", o sea 490 años. Entonces Gabriel subdividió este período en tres secciones más pequeñas— 7 semanas (versículo 25), 62 semanas (versículo 25) y 1 semana (versículo 27).

Hemos visto que 62 semanas más 7 semanas nos llevan hasta el año 27, el tiempo del ungimiento de Jesús como Mesías. Eso nos deja con una semana de la profecía. Gabriel dijo: "En otra semana confirmará el pacto a muchos" (Daniel 9:27). Una semana equivale a 7 días, lo que significa 7 años. Este famoso período de siete años es frecuentemente llamado "la 70va semana de Daniel". En el siguiente capítulo enfocaremos nuestra atención en esta controversial 70va semana.

CAPÍTULO 5

EL ENGAÑO DE LA "70ᵛᵃ SEMANA DE DANIEL"

En 1945, después de meses de deliberación agonizante, el presidente Harry Truman finalmente decidió dejar caer una bomba atómica sobre Japón. Ya sea que estuviera correcto o equivocado, la meta final de su decisión era finalizar la Segunda Guerra Mundial y prevenir la muerte de millones de personas. Así que, el 6 de agosto, una bomba llamada el "niño" cayó sobre Hiroshima. Tres días más tarde, otra bomba llamada el "gordo" cayó sobre Nagasaki. Aproximadamente 130,000 personas fueron instantáneamente evaporadas. Muchos han discutido si fue o no correcto dejar caer esas bombas. Pero en la mente de los que tomaron la decisión, estaba el bienestar de Estados Unidos.

Querido amigo, es por el bien del mundo evangélico que la bomba de la verdad de Dios debe ser dejada caer sobre un gigantesco engaño profético que es creído por millones hoy en día. Es tiempo de dejar caer al "niño". Vamos a reservar al "gordo" para un capítulo más adelante.

La Biblia dice: "En otra semana confirmará el pacto a muchos. Y a la mitad de la semana hará cesar el sacrificio y la ofrenda" (Daniel 9:27).

¿Ha escuchado alguna vez acerca de "el período de los siete años de la gran tribulación? Toda la idea está basada en dos palabras de la cita anterior. Las dos palabras son "otra semana". Supuestamente ese período de "una semana" se aplica a un período final de siete años de gran tribulación. En este momento, sobre todo el planeta, en libros, en videos, en la radio, en seminarios, en la red electrónica, y en conferencias sobre profecía bíblica, muchos cristianos están hablando sobre ciertos eventos que ellos creen firmemente que ocurrirán durante esa tribulación final de siete años.

De acuerdo a la interpretación popular de Daniel 9:27, la persona a la que se refiere la palabra "confirmará", es un futuro anticristo, el cual eventualmente hará un pacto, o tratado de paz, con los judíos durante los siete años finales de tribulación. "A la mitad" de esta tribulación, este anticristo "hará cesar el sacrificio". Para que los sacrificios cesen, deben haber sido restituidos. Por lo tanto, de acuerdo a un sinnúmero de intérpretes modernos, debe haber una reconstrucción del templo judío sobre el Monte del Templo en Jerusalén.

Una revista cristiana popular llamada *Endtime* (Tiempo del fin) refleja esta posición actual: "Tres años y medio después de la confirmación del pacto [por el anticristo] el Tercer Templo de los judíos debe haber sido completado y los sacrificios y las ofrendas deben estar llevándose a cabo. Sabemos esto porque Daniel 9:27 afirma que en medio de los siete años el anticristo hará que los sacrificios y las ofrendas sean detenidos".[1]

La mayor parte del mundo cristiano se encuentra actualmente en un gran debate acerca de si Jesús regresará por su iglesia antes de los 7 años (la posición pretribulación), en medio de los 7 años (durante la tribulación), o al final de los 7 años (la posición postribulación). Y la pregunta más explosiva que todos deberían estar haciéndose, y que muy pocos se la hacen, debería ser "¿Será que un período final de siete años de gran tribulación es realmente la interpretación correcta de Daniel 9:27?"

Históricamente, los eruditos protestantes no han aplicado Daniel 9:27 a un futuro período de tribulación. Tampoco han aplicado la idea de que quien "confirmará" es el Anticristo. ¡Es más, lo han aplicado a Jesucristo mismo! Note lo que el famoso comentario bíblico escrito por Matthew Henry dice acerca de Daniel 9:27: "Ofreciéndose a sí mismo como sacrificio una sola vez pondrá (Jesús) fin a todos los sacrificios levíticos".[2] Otro famoso comentario bíblico, escrito por Adam Clarke, dice que durante el "término de los siete años", Jesús "confirmará o ratificará el Nuevo pacto con la humanidad".[3] Finalmente, otro respetable antiguo comentario bíblico declara: "Él confirmará el pacto —Cristo. La confirmación del pacto ha sido asignada a él".[4]

Los siguientes 10 puntos proveen evidencia lógica y convincente de que la "otra semana" de la que habla Daniel 9:27 no se aplica a un futuro período de siete años de tribulación. ¡En lugar de eso este período profético ya ha sido cumplido en el pasado!

1. Toda la profecía de Daniel 9:24-27 cubre un período de "setenta semanas". Este período se aplica a un bloque completo y seguido de tiempo. Este período comenzaría durante el período persa y terminaría durante el tiempo del Mesías.

2. La lógica demanda que la semana 70 siga a la semana 69. Si no es así, ¡no puede ser propiamente llamada la semana 70!

3. Es ilógico introducir un espacio de 2,000 años entre la semana 69 y la semana 70. No se encuentra ninguna pista de este espacio de tiempo en la profecía misma. No existe espacio entre la primera y la séptima semana y las siguientes 62 semanas. ¿Porqué introducir un espacio entre las semanas 69 y 70?

4. Daniel 9:27 no dice nada acerca de un período de siete años de tribulación, o acerca de un anticristo.

5. El foco de esta profecía es el Mesías, no el Anticristo. Intérpretes modernos han aplicado "el pueblo de un príncipe que ha de venir, destruirá a la ciudad y el Santuario" (versículo 26) al Anticristo. Pero el texto no lo dice. En el pasado, ese pasaje fue aplicado a los romanos, quienes con el príncipe Tito "destruyeron la ciudad y el Santuario" en el año 70 d.C.[5]

6. "Confirmará el pacto a muchos". Jesucristo vino "para confirmar las promesas hechas a los padres" (Romanos 15:8). ¡En ninguna parte de la Biblia se dice que el Anticristo confirma algún pacto con alguien! La palabra "pacto" *siempre se aplica al Mesías*, ¡nunca al Anticristo!

7. "Confirmará el pacto a muchos". Jesús dijo, "esto es mi sangre del nuevo pacto, que va a ser vertida en favor de muchos" (Mateo 26:28). Jesús usó las mismas palabras, porque ¡él sabía que estaba cumpliendo la profecía de Daniel 9:27!

8. "A la mitad de la semana hará cesar el sacrificio y la ofrenda". La semana setenta corría desde el año 27 hasta el año 34 d.C. Después de tres años y medio de ministerio, Cristo murió en el año 31 d.C., "en la mitad de la semana". En el momento de su muerte, "el velo del templo se rasgó en dos, desde arriba hacia abajo" (Mateo 27:51). Este acto de Dios significaba que todos los sacrificios animales habían dejado de tener valor en ese momento. ¡El gran sacrificio había sido ofrecido!

9. "Ejecutará la abominación desoladora". Jesús claramente aplicó esta "abominación desoladora, predicha por el profeta Daniel" (Mateo 24:15), al tiempo cuando sus seguidores tendrían que huir de Jerusalén antes de la destrucción del segundo templo en el año 70 d.C. Jesús dijo a sus doce discípulos, "*Cuando veáis* a Jerusalén cercada de ejércitos (el ejército romano dirigido por el príncipe Tito), sabed entonces que su *destrucción* ha llegado" (Lucas 21:20,

énfasis por el autor). Esos discípulos sí "vieron" esos eventos. Las últimas palabras de Cristo a los fariseos desde adentro del segundo templo fueron: "Vuestra casa os queda desierta" (Mateo 23:38). Así que la profecía de Daniel acerca de la "desolación" de Jerusalén fue cumplida en forma exacta en el año 70 d.C. Jesús entendió esto perfectamente.

10. Gabriel dijo que la profecía de las setenta semanas se aplicaba específicamente a la nación judía (Daniel 9:24). Del año 27 hasta el 34 d.C. los discípulos solamente fueron "a las ovejas perdidas de Israel" (Mateo 10:6). Al final de las 70 semanas, en el año 34 d.C., Esteban fue apedreado por el Sanedrín judío (Hechos 7). Entonces el Evangelio fue predicado a los gentiles. En Hechos 9, Saulo se convirtió en Pablo, "el apóstol de los Gentiles" (Romanos 11:13). Luego en Hechos 10, Dios dió una visión a Pedro revelándole que era tiempo para predicar el evangelio a los gentiles (Hechos 10:1-28). Lea también Hechos 13:46.

¡La explosiva evidencia es impresionante! Punto por punto, los eventos de la semana setenta *¡ya han sido cumplidos en el pasado!* Las siguientes ocho palabras que se encuentran en Daniel 9:27: "confirmará… pacto… muchos… mitad… cesar… sacrificio… abominación… desoladora" todas encuentran un perfecto cumplimiento en Jesucristo y en la historia de la iglesia primitiva.

Una de las razones por lo que la nación judía en su totalidad fracasó en recibir al Mesías, fue porque sus líderes y eruditos fallaron en interpretar correctamente la profecía de las setenta semanas. Fracasaron en ver a Jesucristo como el Mesías que *murió* a la mitad de la semana setenta. ¡Lo mismo está ocurriendo hoy en día! Increíblemente, eruditos cristianos sinceros están malinterpretando la misma profecía.

Toda la teoría de "los siete años de gran tribulación" es una tremenda ilusión. Podrá quedar en los registros de la historia como ¡la *más grande malinterpretación evangélica* del siglo XX! Puede ser comparada con un gran globo inflado con aire caliente. Por dentro no hay ninguna sustancia, solamente aire. Tan pronto como Daniel 9:27 es interpretado en forma correcta y la aguja de la verdad se introduce, el gran globo revienta. La verdad es que ningún texto de la Biblia enseña algún "período de siete años de gran tribulación". Si usted lo busca, terminará como Ponce de León, quien con gran esfuerzo buscó la famosa fuente de la juventud y nunca la encontró.

El actual debate y la tremenda confusión sobre la pre-tribulación, la tribulación, o la postribulación es realmente una pantalla de humo del enemigo quien está escondiendo el verdadero asunto. ¿Cuál es el verdadero asunto? Nos daremos cuenta cuando estudiemos lo que el libro de Apocalipsis realmente enseña acerca de Israel, el templo, la gran Babilonia y el Armagedón.

---

[1] Irvin Baxter, Jr., *"Have the Final 7 Years Begun?* [¿Han

Comenzado Ya los Últimos Siete Años?"] *Endtime Magazine*, Mayo/Junio 1997, pág. 17

[2] *Matthew Henry's Commentary on the Whole Bible* [Comentario Sobre Toda la Biblia de Matthew Henry] t. 4—Isaías a Malaquía, Edición completa (Nueva York, Fleming H. Revell Co.) 1712, notas sobre Daniel 9:27, pág. 1095.

[3] Adam Clarke, *The Holy Bible with a commentary and critical notes* [La Santa Biblia con un comentario y notas críticas] (Nueva York, Abingdon-Cokesbury Press), t. 4— Isaías a Malaquía,, notas sobre Daniel 9:27, pág. 602.

[4] Rev. Robert Jamieson, Rev. A.R. Faucet, y Rev. David Brown, *A Commentary Critical and Explanatory on the Whole Bible* [Un Comentario Crítico y Explicado sobre toda la Biblia] Edición completa. Notas sobre Daniel 9:27 (Hartford, Conn.: S.S. Scranton Co.), pág. 641.

[5] Ver notas sobre Daniel en los comentarios de Matthew Henry (pág. 1095), Adam Clarke (pág. 603) y Jamieson, Faucet y Brown (pág. 641).

Capítulo 6

El Divorcio Divino

E ntonces se le acercó Pedro, y le preguntó: 'Señor, ¿Cuántas veces perdonaré a mi hermano que peque contra mí? ¿Hasta siete?' Respondió Jesús: 'No te digo hasta siete, sino hasta setenta veces siete'" (Mateo 18:21, 22). Jesús siempre escogió sus palabras cuidadosamente. Su respuesta a Pedro contiene una lección importante. "Setenta veces siete" es igual a 490, ¡lo cual es una referencia perfecta a la profecía de las setenta semanas de Daniel 9!

El período de las 70 semanas en Daniel 9:24-27 representaba una segunda oportunidad para que la nación escogida demostrara su fidelidad a Dios. El primer templo de Israel había sido destruido y sus hijos habían sido llevados a Babilonia porque la nación había rechazado las advertencias de Dios a través de sus profetas. Aun así, con amor y misericordia divina, una nueva oportunidad le sería dada para que llegara a estar en armonía con Dios. Israel regresó a su tierra y construyó un segundo templo. Aunque había pecado "siete veces", el perdón de Dios hacia la nación fue extendido hasta "setenta veces siete". Cerca del cierre de este período, Alguien mayor que los profetas vendría. Luego el destino de Israel como nación sería determinado a través de su respuesta al Hijo de Dios.

Cerca del fin de la vida de Jesucristo en la tierra, él contempló Jerusalén y "dijo llorando: ¡Oh, si al menos conocieras en este día, lo que toca a tu paz! Pero ahora está encubierto de tus ojos. Vendrán días sobre ti, en que tus enemigos te cercarán con baluarte, te sitiarán, y de todas partes te estrecharán. Te derribarán a tierra a ti, y a tus hijos que estén dentro de ti. Y no dejarán en ti piedra sobre piedra, por cuanto no conociste el tiempo de tu visitación" (Lucas 19:41-44).

Cuando Jesús habló con Pedro acerca de la extensión del perdón "hasta setenta veces siete", sabía que las setenta semanas terminarían pronto. Él conocía el significado de esta profecía para Israel como nación, para Jerusalén y para el segundo templo. Los capítulos 21-23 de Mateo revelan el triste, último y explosivo encuentro entre Jesucristo y los líderes de su pueblo escogido. Es ahora el momento de ver el verdadero significado de esos encuentros.

Durante la semana anterior a su crucifixión, "Jesús entró en el templo de Dios, y echó a todos los que vendían y compraban en el templo. Volcó las mesas de los cambistas, y las sillas de los que vendían palomas. Y les dijo: 'Escrito está: Mi casa, será llamada casa de oración. Pero vosotros la habéis convertido en cueva de ladrones'" (Mateo 21:12, 13). Todavía en este momento, Jesús llamaba al segundo templo "Mi casa". Pero el cambio estaba por llegar.

"Por la mañana, cuando Jesús volvía a la ciudad, sintió hambre. Vio una higuera junto al camino, y se acercó. Pero encontró sólo hojas en ella, y le dijo: 'Nunca más nazca fruto de ti'. Y al instante la higuera se secó" (versículos 18, 19). Aquí la higuera era un símbolo de la nación judía. La cuenta regresiva de los "setenta veces siete" estaba por terminar.

"Cuando Jesús vino al templo, los principales sacerdotes y los ancianos del pueblo, se acercaron mientras enseñaba" (versículo 23). El plan de ellos era exponer a Cristo como un falso Mesías y luego darle muerte. Jesús dijo a esos líderes una parábola que detallaba toda la historia de Israel. "Un propietario [Dios] plantó una viña [Israel], y la rodeó de una cerca [el amor de Dios]. Cavó en ella un lagar, edificó una torre [el templo], la arrendó a unos labradores [los líderes judíos], y se fue lejos. Cuando se acercó el tiempo de la cosecha, envió a sus siervos [los profetas] a los labradores, para recibir su fruto. Pero los labradores tomaron a los siervos, y a uno lo hirieron, al otro lo mataron, y al otro lo apedrearon. El dueño envió a otros siervos, en mayor número que los primeros [la misericordia continúa]. E hicieron lo mismo con ellos. *Al fin* envió a su hijo [al final de "setenta veces siete"], pensando: 'Respetarán a mi hijo'. Pero al ver al hijo, los labradores dijeron entre sí: 'Éste es el heredero. Matémoslo, y quedaremos con la herencia'. Así, lo echaron fuera de la viña, y lo mataron [su pecado final]" (versículos 33-39; énfasis por el autor).

Entonces Jesús preguntó a los líderes: "Cuando venga el señor de la viña, ¿Qué hará a esos labradores? Respondieron: 'Matará sin compasión a esos malvados, y rentará su viña a otros labradores que paguen el fruto a su tiempo'" (versículos 40, 41). ¿Se habrán dado cuenta de lo que estaban diciendo? ¡Difícilmente! ¡Acababan de predecir su propia destrucción!

Mirando a sus asesinos directamente a los ojos, tristemente Jesús declaró en palabras de verdad ardiente: "Por tanto, os digo, que el reino de Dios será quitado de vosotros, y será dado a gente que rinda su fruto" (versículo 43). El Maestro mismo lo dijo. El reino de Dios sería "quitado" a un incrédulo Israel en la carne y dado a otra "nación". ¿Por qué? Por su pecado final de crucificar al "Hijo" (versículos 38, 39).

En su siguiente parábola, Jesús bosquejó la misma secuencia histórica pero agregó detalles acerca de la destrucción de Jerusalén y del llamado a los gentiles. "El reino de los cielos es semejante a un rey, que preparó el banquete de boda para su hijo. Y envió a sus siervos a llamar a los invitados a la boda. Pero no quisieron venir. Volvió a enviar a otros siervos, con el encargo de decir a los invitados: 'La comida está preparada, los toros y los animales engordados han sido muertos, y todo está dispuesto. Venid a la boda'.

Pero ellos no le hicieron caso. Se fueron, uno a su labranza, otro a sus negocios, y otros, echaron mano de los siervos, los afrentaron y mataron. Al oír esto, el rey se enojó. Envió su ejército, mató a esos homicidas, y quemó su ciudad" (Mateo 22:2-7). Esto tuvo lugar literalmente cuando Jerusalén y el segundo templo fueron destruidos por los romanos en el año 70 d.C. La profecía de Daniel, que dice "el pueblo de un príncipe que ha de venir, destruirá a la ciudad y el Santuario" (Daniel 9:26), fue cumplida. Continuando con la parábola, Jesús dijo, "Entonces dijo a sus siervos: 'A la verdad el banquete está preparado, pero los convidados no eran dignos. 'Id, pues, a las salidas de los caminos, y llamad al banquete a cuantos halléis'" (Mateo 22:8, 9). De esta forma Jesús representó el llamado a los gentiles al final de las setenta semanas.

Mateo 23 contiene las palabras finales que con lágrimas y agonía el Salvador dijera a su pueblo escogido. Ocho veces durante su último intercambio de palabras con los líderes de Israel dijo: "¡Ay de vosotros, escribas y fariseos, hipócritas!" Finalmente, con un corazón quebrantado, el Hijo del Dios infinito declaró: "¡Jerusalén, Jerusalén, que matas a los profetas, y apedreas a los que son enviados a ti! ¡Cuántas veces quise juntar a tus hijos, como la gallina junta sus pollos bajo sus alas! Y no quisiste. Vuestra casa os queda desierta" (Mateo 23:37, 38) Ésta vez Dios no estaba diciendo: "Fallaron. Intentemos nuevamente". La decisión de Israel de crucificar a

Cristo tendría consecuencias permanentes. El resultado fue una separación abrumadora —un doloroso divorcio divino.

"Cuando Jesús salía del templo (para nunca más regresar), se acercaron sus discípulos y le señalaron los edificios del templo. Y él respondió: '¿Veis todo esto? Os aseguro que no quedará piedra sobre piedra, que no sea derribada'" (Mateo 24:1, 2). En el año 70 d.C., el segundo templo fue destruido por los romanos, y más de un millón de judíos murieron. Este fue el terrible resultado de ese divino divorcio. Hoy en día, la Cúpula sobre la Roca Musulmana descansa sobre el Templo del Monte. ¿Habrá un tercer templo?

De acuerdo a Daniel 9:24-27 y las enseñanzas de Jesucristo, la profecía de "setenta veces siete" representaba los límites del perdón nacional para el pueblo judío—como nación. ¿Qué pasará después? Un nuevo día vendría. Era el tiempo de que la muralla cayera.

CAPÍTULO 7

CUANDO CAYÓ LA MURALLA

E n 1989, el Muro de Berlín cayó. Hoy en día no existe nada de él. Ya no hay una separación entre el oriente y el occidente de Alemania. Las dos han llegado a ser una sola. De acuerdo a la Biblia, esto es exactamente lo que Jesús hizo entre los judíos y los gentiles. Como está escrito: "Porque él es nuestra paz, que de los dos pueblos hizo uno, derribando el muro divisorio de enemistad" (Efesios 2:14).

La verdad del Nuevo Testamento es muchas veces diferente de lo que se enseña en los seminarios y de lo que se discute en círculos teológicos. Una de las áreas de mayor confusión es la relacionada con los judíos y los gentiles. Muchos han sido enseñados que Dios tiene dos planes separados —uno para los judios y otro para los gentiles. El plan de Dios para los gentiles es visto muchas veces como siendo cumplido en la "época de la iglesia". Ésta idea de los dos planes se está enseñando hoy en día en todo el mundo. Pero la gran pregunta es: "¿Enseña realmente el Nuevo Testamento esta popular teoría de dos planes?"

Primeramente, debemos retroceder un poco. El final de los "setenta veces siete", esos ayes sobre los fariseos, la transferencia del reino, el divorcio divino, y la destrucción del segundo templo ¡no significaban que todo Israel había rechazado al Mesías! Tampoco es justo decir: "Los judíos mataron a Cristo" ¡No! Esta idea ha alimentado terrible, cruel e injustamente el antisemitismo por casi 2,000 años. No fueron "los judíos" quienes mataron a Cristo. Fue la naturaleza humana. Fue su naturaleza y la mía. Jesucristo murió "por los pecados de todo el mundo" (1 Juan 2:2).

Muchos judíos recibieron al Mesías. Los doce discípulos eran todos judíos. El Espíritu Santo cayó solamente sobre los judíos en el día del Pentecostés. Fueron 3,000 judíos los que recibieron el bautismo en esa ocasión (Hechos 2:5, 22, 36, 41, 46). La iglesia primitiva en Jerusalén estaba compuesta por judíos. Muy pronto "gran cantidad de sacerdotes obedecía a la fe" (Hechos 6:7). Con excepción de Lucas, todo el Nuevo Testamento fue escrito por judíos. Ahora debemos preguntarnos "¿Deberíamos llamar a este grupo de cristianos en Jerusalén 'Israel' o "la Iglesia'?" ¡Obviamente eran ambos!

Al crecer la iglesia primitiva en el libro de Hechos, las siguientes preguntas surgieron: "¿Es nuestro Mesías solamente para nosotros? ¿Qué acerca de los Gentiles?" Luego que el Espíritu Santo descendió inesperadamente sobre los gentiles (Hechos 10:44,

45), la intolerancia y los prejuicios lentamente comenzaron a romperse. Un concilio de creyentes se reunió en Jerusalén para discutir la pregunta acerca de los "Judíos y los Gentiles" (Hechos 15). Finalmente, el Espíritu Santo cruzó la neblina y reveló a los apóstoles lo que realmente había logrado hacer el sacrificio de Jesús. Un nuevo amanecer había llegado. La muralla había caído. ¡Había sido derribada por la cruz!

Algunos años más tarde, Pablo escribió a creyentes gentiles: "Por tanto, acordaos que en otro tiempo vosotros los gentiles en la carne erais llamados incircuncisión por la que se llama circuncisión, hecha con mano en la carne. En aquel tiempo estabais sin Cristo, excluidos de la ciudadanía de Israel, ajenos a los pactos de la promesa, sin esperanza y sin Dios en el mundo. Pero ahora en Cristo Jesús, vosotros que en otro tiempo estabais lejos, habéis sido acercados por la sangre de Cristo. Porque Él es nuestra paz, que de los dos pueblos hizo uno, derribando el muro divisorio de enemistad... para crear en sí mismo de los dos un nuevo hombre, haciendo la paz. Y reconciliar con Dios a ambos en un solo cuerpo mediante la cruz, matando en ella la enemistad (Efesios 2:11-16). Pablo es bien claro aquí. Creyentes "no Judíos" eran en "otro tiempo gentiles... excluidos de la ciudadanía de Israel". Pero "ahora en Cristo Jesús", judíos y gentiles han llegado a ser "uno". Esto es la *verdad*. Así que ¡salgamos de las tinieblas! ¡La muralla fue derribada en la cruz!

Pablo estaba cautivado por este tema. Escribió

mucho al respecto: "Mediante una revelación me fue declarado el misterio, como acabo de escribiros brevemente. Leyendo eso podéis entender mi conocimiento del misterio de Cristo, que en las generaciones pasadas, no se dió a conocer a los hombres, como ha sido revelado ahora por el Espíritu a sus santos apóstoles y profetas. Ese misterio consiste en que los gentiles sean coherederos, miembros del mismo cuerpo" (Efesios 3:4-6). Pablo llamó a esta unión de judíos y gentiles en "el mismo cuerpo" el "misterio de Cristo", el cual está siendo revelado "ahora" "por el Espíritu". Este misterio es mucho más importante que cualquier película de misterio que usted pueda ver en la televisión. Pablo escribe, nuevamente: "Ya no hay judío ni griego, ni siervo ni libre, ni hombre ni mujer, porque todos vosotros sois uno en Cristo Jesús" (Gálatas 3:28). Como dicen los pastores en las ceremonias de bodas: "¡Lo que Dios ha unido, nadie lo separe!" ¡Ahora esto se aplica a judíos y gentiles en Jesucristo!

De acuerdo al Nuevo Testamento, los creyentes judíos y gentiles son ahora uno. La combinación de ambos son "la descendencia de Abrahán" (Gálatas 3:29). Este es ahora "el Israel de Dios" (Gálatas 6:15, 16). Este "misterio" fue completado por la cruz. Jesucristo lo hizo. Cuando él murió, despedazó la muralla. Ahora piense acerca de esto. ¿Deben los cristianos levantar una pared que Cristo derrumbó?

¿Pero qué acerca de la afirmación de Pablo en Romanos 11:26, "todo Israel será salvo"? Algunos han aplicado esta cita a una conversión masiva del pueblo judío durante el Armagedón. Pero el contexto revela algo diferente. Cuando Pablo escribió que "todo Israel será salvo", no quiso decir que en cierto momento "todo judío será salvo". En el mismo capítulo él escribió, "con la esperanza de provocar a celo a los de mi raza, y salvar a *algunos* de ellos" (versículo 14, énfasis por el autor). Otra vez, en el mismo capítulo, Pablo declara: "Y ellos también, si no permanecen en incredulidad, serán injertados" (versículo 23).

Es cierto que "todo Israel será salvo". Pero, tal y como estudiamos en el capítulo 3 de este libro, la gran pregunta es "¿Cuál Israel?" Recuerde, "no todos los que descienden de Israel son israelitas" (Romanos 9:6). Hay un Israel natural de acuerdo a la carne, y también hay un Israel espiritual constituido por judíos y gentiles que creen en Jesucristo. Aplicar el término "todo Israel" el cual "será salvo" a un grupo de judíos que están separados de la iglesia ¡es reconstruir la pared por la que Jesucristo murió para poder derrumbarla!

¿Quién entonces es "todo Israel" en Romanos 11:26? La respuesta está en el contexto. Pablo escribió, "Porque a vosotros os digo, gentiles. Como soy apóstol de los gentiles, honro mi ministerio, con la esperanza de provocar a celo a los de mi raza, y salvar a algunos de ellos" (versículos 13, 14). Pablo esperaba que mientras los Gentiles respondían a su predicación acerca del Mesías, esto "provocaría… a algunos" de sus paisanos judíos a que reexaminaran las declaraciones de Cristo. Posiblemente esto conduciría a "algunos" de ellos a creer en Jesús. Entonces este grupo combinado de judíos y gentiles creyentes formarían el "todo Israel" que sería salvo.

Vamos a ver ahora el contexto completo: "No quiero, hermanos, que ignoréis este misterio, para que no seáis arrogantes acerca de vosotros mismos. El endurecimiento parcial vino a Israel, hasta que haya entrado la plenitud de los gentiles. Y así todo Israel será salvo, como está escrito: 'Vendrá de Sion el Libertador, que quitará la impiedad de Jacob. Y éste será mi pacto con ellos, cuando quite sus pecados'" (versículos 25-27). El contexto claramente revela que el "todo Israel" del versículo 26 es un grupo unido de creyentes judíos y creyentes gentiles que han respondido al Evangelio. Creer diferente es negar el contexto, rechazar "el misterio", y reconstruir la pared que fue derrumbada por la muerte de Jesucristo.

El Dios todopoderoso dijo a Moisés en el Monte Sinaí que "si" los israelitas obedecían su voz, "entonces" serían un "especial tesoro… reino de sacerdotes y gente santa" (Éxodo 19:5, 6). En su primera carta a los creyentes Pedro usa las mismas palabras que Dios dijo a Israel, y las aplicó a la iglesia. "Pero *vosotros* sois linaje elegido, real sacerdocio, nación santa, pueblo adquirido… que en otro tiempo no erais pueblo, ahora sois pueblo de Dios (1 Pedro 2:9, 10; énfasis por el autor).

En el Antiguo Testamento, Dios habló acerca de "Israel Mi escogido" (Isaías 45:4). En el Nuevo Testamento, Pablo escribió "a los hermanos santos y fieles en Cristo" en Colosas (Colosenses 1:2). Luego de recordarles que ya no hay "Griego ni Judío", Pablo específicamente dijo a los creyentes que ellos eran los "elegidos de Dios" (Colosenses 3:11, 12).

Así que Pablo y Pedro estaban de acuerdo. Ambos usaron las mismas palabras que Dios usó en el Antiguo Testamento para Israel y ¡las aplicaron a gentiles y judíos que creían en Jesucristo! Ambos enseñaron que creyentes judíos y creyentes gentiles, combinados, ahora son pueblo de Dios" (1 Pedro 2:9, 10; Colosenses 3:11, 12; Gálatas 6:16). Los "dos" son ahora "uno" y son "el mismo cuerpo" (Efesios 2:14-16; 3:6). A través de su cruz, Jesucristo ha ejecutado esta misteriosa ceremonia matrimonial. Por lo tanto, ¡Lo que Dios ha unido, nadie lo separe!

La neblina espesa en la carretera puede ser peligrosa. Frecuentemente resulta en accidentes de tráfico fatales. Como veremos pronto, si no salimos de la neblina de la falsedad acerca de los judíos y los gentiles, ¡Podríamos estrellarnos en el Armagedón!

CAPÍTULO 8

1948—UNA DOCTRINA "INSUMERGIBLE"

Cuando los horrores de la Segunda Guerra Mundial finalmente terminaron y Adolfo Hitler y su imperio habían llegado a su fin, el mundo despertó con el resultado completo de la "Solución Final" del dictador alemán. Unos seis millones de inocentes judíos habían sido brutalmente asesinados. La opinión pública favoreció entonces el regreso de los judíos a su tierra natal.

Los ingleses controlaron Palestina hasta mayo de 1948. El 14 de mayo, bajo la resolución de la Asamblea General de las Naciones Unidas, el Movimiento Sionista Judío proclamó el renacimiento del Estado de Israel. Por casi 2,000 años el pueblo judío había "vagado entre las naciones". Ahora estaba en casa. Pero sus problemas apenas habían comenzado.

Una Liga Árabe compuesta por egipcios, iraquíes, sirios y jordanenses rápidamente invadió Palestina en un intento de aplastar a la nueva nación. Las batallas fueron encarnizadas. Pero para 1949 los árabes fueron vencidos, e Israel seguía en el territorio. En mayo de 1967, Egipto, Jordania y Siria se prepararon para otro ataque. Israel atacó primero, y la guerra terminó en seis días. En 1973, al principio de la temporada judía del Yom Kippur (Día de la expiación), los egipcios y los sirios atacaron nuevamente. Las batallas fueron furiosas y sangrientas. Pero para 1974, Israel seguía al frente y en el territorio.

Por más de 50 años estos asombrosos eventos han arrebatado la atención de la mayoría del mundo cristiano. Millones han llegado a una conclusión. Esto debe ser el cumplimiento de una profecía bíblica. Hoy en día esta convicción es expresada en todo el planeta. El renacimiento del Estado de Israel en 1948 es considerado por un sinnúmero de cristianos como ¡el evento profético más significativo del siglo XX!

Un ejemplo de esta convicción puede encontrarse en el popular libro *The Next 7 Great Events of the Future* (Los Próximos Siete Grandes Eventos del Futuro). El autor Randal Ross declara: "Yo llamo al establecimiento del Estado de Israel 'la más grande bomba de tiempo profética', porque cuando Israel llegó a ser un Estado legítimo ante los ojos del mundo en 1948, ese simple, aparentemente inadvertido incidente hizo que el reloj del tiempo profético iniciara su conteo regresivo hacia la 'hora cero' y el fin del tiempo".[1] Hal Lindsey lo apoyó al afirmar: "Desde la restauración de Israel como una nación, hemos estado viviendo en el período más significativo de la historia profética".[2] No es exagerado decir que la gran mayoría de los cristianos actuales cree que el resto del fin del tiempo descansa sobre esta plataforma de 1948.

El 10 de abril de 1912, el Titanic zarpó de Inglaterra hacia América. La nave más grande del mundo en ese tiempo, era considerada insumergible. Pero, después de cuatro días de navegación tranquila, chocó contra un témpano de hielo. Tres horas más tarde estaba bajo el agua, en camino hacia el fondo del Océano Atlántico. En muchas maneras, la teoría de 1948 es considerada como insumergible. Sin embargo, en unos momentos, esta popular teoría chocará contra el témpano de la Palabra de Dios. Si comienza a hundirse, entonces ¡debemos abandonar la nave tan pronto como sea posible!

Hay tres argumentos principales que hoy en día están siendo usados para apoyar la teoría de que una profecía bíblica fue cumplida en 1948. Es tiempo de examinar estos argumentos cuidadosamente.

1. El argumento de "la higuera"

Hal Lindsey escribió: "Jesús predijo una clave del tiempo importante. Él dice: 'De la higuera aprended esta lección' (Mateo 24:32, 33). La señal más importante en Mateo tiene que ser la restauración del pueblo judío en su territorio y el renacimiento de Israel... Cuando la nación judía... vino a ser nuevamente una nación el 14 de mayo de 1948, de la 'higuera' brotaron las primeras hojas. Jesús dijo que esto indicaba que él estaba 'a la puerta', listo para regresar".[3]

¿Es esto lo que realmente dijo Jesús? En un pasaje

paralelo Lucas registra: Y les dijo esta parábola:
"Mirad la higuera y todos los árboles; cuando brotan,
sabéis por vosotros que el verano se acerca. Así
también, cuando veáis que estas cosas suceden,
entended que el reino de Dios está cerca" (Lucas
21:19-31).

Debido a que Lucas escribió: "y todos los árboles;
cuando brotan", podemos ver claramente que Jesús no
tenía en mente solamente un árbol para que
representara a Israel en 1948. en Mateo, Jesús explicó
su parábola de la higuera. Él dijo: "Así también,
cuando veáis todas estas cosas, sabed que está cerca,
a las puertas" (Mateo 24:33). Cuando la higuera y
todos los árboles, reverdecen al final del invierno,
sabemos que el verano está cerca. "Así también", dijo
Jesús, cuando veamos "que estas" diferentes señales
dadas en Mateo capítulo 24 están sucediendo al mismo
tiempo, entonces sabremos que su regreso está
cercano. La higuera no es una señal. Solamente
representa "todas" las señales en Mateo capítulo 24,
ninguna de las cuales es el específico renacimiento de
Israel en 1948. ¡El hielo de la Palabra de Dios acaba
de hacer el primer agujero en la base de la nave 1948!

2. El argumento de "las victorias de Israel"

Muchas veces se ha expresado la idea de que las
victorias de Israel sobre los árabes en 1949, 1967 y 1973
son una fuerte evidencia de que Dios había reunido a
Israel y ahora estaba luchando en beneficio de su pueblo
escogido, aunque el liderazgo de esa nación todavía no

cree en Jesucristo. Examinemos este argumento.

Primeramente, la Biblia dice que Jesucristo es el mismo ayer, hoy y siempre (Hebreos 13:8). Dios dice, "Yo, el Eterno, no cambio" (Malaquías 3:6). Examinemos las Escrituras con este principio en mente. ¿Pudo Dios pelear a favor de Israel en el Antiguo Testamento cuando éste no creía?

Después del Éxodo, Dios prometió llevar a Israel hasta la tierra prometida (Éxodo 33:1-3). Doce hombres fueron enviados a espiar el territorio. Pero luego de que el pueblo escuchó el "mal reporte" acerca de los "gigantes" en la tierra, "se quejaron contra Moisés", diciendo "volvamos a Egipto" (Números 13:23, 33; 14:2, 4). Luego de esto Dios mismo pronunció este juicio: "En cuanto a vosotros, vuestros cuerpos caerán en este desierto. Y vuestros hijos andarán pastoreando en el desierto 40 años… Y conoceréis mi desagrado" (Números 14:32, 34). Por lo tanto, debido a la incredulidad de Israel, Dios no pudo cumplir sus promesas a esa generación.

Tristemente, el antiguo Israel no estaba dispuesto a aceptar esa sentencia de 40 años. La gente propuso subir "al lugar que el Eterno prometió" (Números 14:40). Pero Moisés dijo: "No subáis, porque el Señor no está con vosotros… él no estará con vosotros… se obstinaron en subir a la cima del monte… Y descendieron el amalecita y el cananeo … y los hirieron" (Números 14:42-45). Este pasaje está lleno de instrucciones. Debido a la incredulidad de Israel, Dios no pudo pelear por ellos. Años más tarde, los israelitas nuevamente "dejaron al Eterno… y no pudieron enfrentar más a sus enemigos" (Jueces 2:13, 14). Esta simple verdad bíblica es repetida muchas veces en Josué, Jueces, Samuel, Reyes, Crónicas, Jeremías, etc.

Dios no cambia. A través de toda la historia sagrada, él no ha podido pelear por Israel mientras ellos se mantenían incrédulos. Por lo tanto ¡él no pudo haber peleado por la nación judía en 1949, 1967 y 1973! Solamente porque una nación gana batallas, no es evidencia de que Dios está peleando por esa nación. ¿Estaba Dios peleando por Hitler cuando éste ganó tantas batallas? ¿Estaba Dios del lado de los nazis cuando cruelmente torturaron a seis millones de judíos? ¡Obviamente no! Querido amigo, el argumento de las "victorias de Israel" no está basado en un estudio cuidadoso de la Palabra de Dios. El hielo acaba de romper el agujero número dos en la construcción de esta teoría "insumergible".

3. El argumento de la reunión del fin del tiempo

Este el "más grande" argumento. La idea de que las antiguas profecías del Antiguo Testamento, que predicen una reunión de Israel en su tierra, fueron cumplidas en 1948, se está exponiendo en todo el mundo. La profecía principal para apoyar esta teoría se encuentra en Ezequiel 36-38.

En *The Late Great Planet Earth* (El Gran Difunto Planeta Tierra), Hal Lindsey ofrece las siguiente tres razones del porqué la profecía de Ezequiel debe apuntar a un cumplimiento en 1948: (1) Dios dijo acerca de Israel: "Os tomaré de las naciones, os juntaré de todas las tierras, y os traeré a vuestro país" (Ezequiel 36:24). (2) la frase "de todas las tierras", se aplica a una "dispersión mundial", y por lo tanto no puede ser aplicada al tiempo de la cautividad de Babilonia. (3) La profecía de Ezequiel se cumplirá "en los últimos días" (Ezequiel 38:16), el cual, de acuerdo a Hal Lindsey, es un término "definitivo" que se aplica al "tiempo antes" de la segunda venida de Jesucristo.[4] Estas tres razones han sido aceptadas por un sinnúmero de cristianos como evidencia "insumergible" en favor de un cumplimiento en 1948.

Los siguiente cinco argumentos no sólo ponen en duda los tres puntos mencionados, sino que también prueban que ¡ninguna profecía bíblica pudo haberse cumplido en 1948!

1. Dios específicamente dijo al antiguo Israel que él los juntaría "de todas las tierras" *inmediatamente* "cuando en Babilonia se cumplan los setenta años, yo os visitaré, y despertaré sobre vosotros mi buena palabra de volveros a este lugar" (Jeremías 29:10, 14, 18).

2. El periodo de tiempo después de la cautividad babilónica también es llamada "los últimos días" (Jeremías 29:10-14; 30:24; 27:2-7; 48:47; 49:39; 50:1). Así que, la frase "los últimos días" no siempre es un "término definitivo" que se aplica al "tiempo justo antes" de la segunda venida de Jesús. Moisés dijo al antiguo Israel, "yo sé que después de mi muerte … En los últimos días el desastre caerá sobre vosotros" (Deuteronomio 31:29).

3. Tres veces en Ezequiel 38, los israelitas juntados son descritos como un pueblo que "habitan confiadamente" (versículo 8), "viven tranquilos, que habitan confiados, sin murallas" (versículo 11), y "mi pueblo Israel habite seguramente" (versículo 14). Estas palabras definitivamente no son aplicables al moderno Israel, que ahora "habitan" en medio del terrorismo, la hostilidad árabe, amenazas de bombas, y ataques de la Organización para la Liberación de Palestina (OLP).

4. La razón por la que los israelitas fueron dispersados en el Antiguo Testamento fue porque ellos desecharon a Dios, violaron su ley y desobedecieron su Palabra (Jeremías 16:10-13; 29:18, 19). Si investiga usted detenidamente, descubrirá que, de acuerdo a la Biblia, Israel primero debe arrepentirse de sus pecados antes de que tal reunión pueda ser hecha por Dios.

Aquí está la prueba. Dios dijo a Israel: "Cuando te vengan todas estas cosas, la bendición y la maldición… y medites en tu corazón en medio de las naciones donde el Eterno tu Dios te haya echado. Y te *conviertas* al Señor tu Dios, y *obedezcas* a su voz… el Eterno también volverá tus cautivos… y volverá a reunirte de todos los pueblos donde te haya esparcido" (Deuteronomio 30:1-3; énfasis por el autor).

De acuerdo a estas palabras inspiradoras, cuando Dios dispersa a Israel por "todas las naciones", si ellos se *convierten* y *obedecen* su voz, *entonces* él los juntará. Si ellos no se convierten y obedecen, entonces ¡esta profecía no puede ser cumplida por Dios! Ya que el Mesías ha venido, esta "conversión o regreso al Señor" debe ser una conversión o regreso a Jesucristo. Es claro que el judaísmo sionista no cumplió con esta condición espiritual en 1948.

Nuevamente, Dios dijo al antiguo Israel: "Si sois infieles, os esparciré entre las naciones. Pero si os volvéis a mí… os juntaré" (Nehemías 1:8, 9). "Me buscaréis y me hallaréis, *cuando* me busquéis de todo vuestro corazón. Y seré hallado de vosotros —dice el Eterno—, os haré volver de vuestro cautiverio, os juntaré de todas las naciones" (Jeremías 29:13, 14; énfasis por el autor). Estos pasajes son bien claros. Israel debe primeramente arrepentirse, entonces Dios podrá juntarlo. Nuevamente, esta condición no fue cumplida por el movimiento sionista en 1948. La teoría "insumergible" está comenzando a irse a pique. "¡A los salvavidas!" Es el clamor desde el cielo.

La "profecía de la reunión" más importante de Ezequiel capítulo 36 también contiene los elementos condicionales enseñados por las Escrituras. Note cuidadosamente: "Así dice el Señor, el Eterno: *El día* que os limpie de *todas* vuestras iniquidades, *repoblaré* las ciudades, y serán reedificadas" (Ezequiel 36:33, énfasis por el autor). Así que, "en el día" que Dios limpie a Israel de "todos" sus pecados, en ese día también él "repoblará" las ciudades. ¡Esto no sucedió en 1948! Israel como nación no fue limpiada de "toda" su iniquidad. No se había arrepentido ni abandonado sus pecados pasados de rechazar al Hijo de Dios (Mateo 21:37-39).

Jonás predijo: "De aquí a cuarenta días Nínive será

destruida" (Jonás 3:4). Pero 40 días más tarde Nínive no fue destruida. ¿Por qué? Porque la profecía era condicional. Nínive se arrepintió, así que los juicios de Dios fueron postergados. Como hemos visto, los mismos elementos condicionales se encuentran en las profecías de la reunión. Debido a que Israel no se arrepintió ni regresó al Señor Jesucristo, las profecías de la reunión no pudieron haber sido cumplidas en 1948.

5. El profeta Ezequiel declaró: "Recibí esta Palabra del Eterno: Hijo de Adán, pon tu rostro contra Gog en tierra de Magog". "En los últimos años invadirás la tierra restablecida de la espada, gente reunida de muchos pueblos". "Y tú subirás" "sobre el pueblo reunido de entre las naciones". "En ese tiempo, cuando Gog venga contra la tierra de Israel —dice el Señor, el Eterno—, subirá mi airado enojo". "Haré llover sobre él, sobre sus tropas y sobre los muchos pueblos que están con él, impetuosa lluvia, piedras de granizo, fuego y azufre… Y sabrán que Yo Soy el Eterno" (Ezequiel 38:1, 2, 8, 9, 12, 18, 22, 23).

El capítulo 5 de *The Late Great Planet Earth* (El Gran Difunto Planeta Tierra) es llamado "Rusia es un Gog". Allí Hal Lindsey aplica las palabras de Ezequiel capítulo 38 a la restauración de Israel en 1948 y luego a una batalla final del Medio Oriente entre Rusia y la nación judía. Pero la verdad explosiva es que el libro de Apocalipsis aplica la profecía de Ezequiel a un evento global que ocurrirá al final del milenio.

En el capítulo 2 de este libro descubrimos cómo Mateo tomó la declaración de Oseas 11:1, que originalmente fue aplicada a la nación de Israel, y luego la declaró "cumplida" en Jesucristo (Mateo 2:15). También vimos cómo Pablo hizo una "aplicación similar del Antiguo Testamento al Nuevo Testamento" al aplicar "la simiente de Abraham", la cual era definitivamente "Israel", a "uno solo… que es Cristo" (Isaías 41:8; Gálatas 3:16). ¡Abróchense los cinturones! ¡El libro de Apocalipsis hace exactamente lo mismo con Ezequiel 38!

Apocalipsis 20:7-9 dice: "Cuando se cumplan los mil años, Satanás será suelto de su prisión, y saldrá a engañar a las naciones que están sobre los cuatro ángulos de la tierra —a Gog y a Magog—, a fin de reunirlos para la batalla. Su número es como la arena del mar. Subieron a través de la ancha tierra, y cercaron el campamento de los santos y la ciudad amada. Pero descendió fuego del cielo, y los devoró".

Los elementos mayores son los mismos. Ambos Ezequiel 38 y Apocalipsis 20 hablan acerca de Magog, un gran ejército, una reunión final, y fuego del cielo. Pero Apocalipsis 20 aplica estas cosas al final del milenio, a un Magog y Gog global, y a una batalla final contra el campamento de los santos y la ciudad amada, que es la Nueva Jerusalén (Apocalipsis 3:12, ;21:10; Hebreos 12:22). Así que Apocalipsis 20 toma lo que originalmente fue aplicado literalmente a la nación judía y luego lo aplica a una batalla global final contra los santos de Jesucristo, quienes están dentro de la Nueva Jerusalén al final del milenio.

¿Por qué hace esto Apocalipsis? Por la misma

razón que discutimos en el capítulo 3 de este libro. Para que la "Palabra de Dios" no aparezca como que "ha fallado" por la incredulidad de muchos judíos en la carne (Romanos 9:6). Dios sí prometió en Ezequiel 38 (y en Zacarías 14) que él defendería a Israel y a Jerusalén durante una batalla final. Y lo hará. ¡Él defenderá a su Israel en el Espíritu, el cual habitará dentro de la Nueva Jerusalén al final del milenio! De acuerdo a Apocalipsis 20:7-9, es así como Ezequiel 38 será cumplido. Por lo tanto, la gran pregunta es "¿Estamos dispuestos a aceptar la aplicación que hace el Nuevo Testamento de las profecías del Antiguo Testamento?" Si decimos que no, entonces ¡no estamos siendo fieles a toda la Palabra de Dios!

El 15 de abril de 1912, a las 2:20 a.m. el insumergible Titanic estaba cubierto por el agua. Cerca de una tercera parte de sus pasajeros estaba en los botes salvavidas, mientras la mayoría estaba en camino al fondo del Océano Atlántico. ¿Qué acerca de nosotros? ¿Abandonaremos la "Nave 1948" antes que sea demasiado tarde? Nuestro Capitán suplica, "¡A los salvavidas! Si no aceptamos, ¡Podríamos estar en camino del fondo del mar!

---

[1] Randal Ross, *The Next 7 Great Events of the Future* [Los Próximos 7 Grandes Eventos del Futuro] (Lake Mary, Fla.: Creation House), © 1979, pág. 23.

[2] Hal Lindsey con C.C. Carlson, *The Late Great Planet Earth* [El Difunto Gran Planeta Tierra] (Grand Rapids, Mich.: Zondervan), 1970, pág. 51.

[3] *Ibid.,* pág. 43.

[4] *Ibid,* pág. 49, 50.

CAPÍTULO 9

VERDADES TITÁNICAS ACERCA DEL TEMPLO

El 15 de abril de 1912, el Titanic se sumergió en el fondo del Océano Atlántico. Allí permaneció, sin ser descubierto por décadas. En 1980, un rico petrolero de Texas decidió patrocinar una búsqueda de la nave perdida. Dos expediciones fueron al mar, pero no encontraron nada. En 1985, otro grupo de investigadores zarparon desde Francia. Marcaron un área de 12 millas en las que ellos pensaban que descansaba la nave. Luego de dos meses de investigación marítima, sus sofisticados instrumentos de exploración encontraron un gran objeto en el fondo del océano. Al aclararse la forma del objeto, finalmente se escuchó el grito: "¡Aquí está! ¡Hemos encontrado al Titanic!" El descubrimiento se reportó en los periódicos de todo el mundo.

En este capítulo, continuaremos con la investigación de las profundidades de la Palabra de Dios. No necesitamos equipo sofisticado para esto, solamente un corazón abierto. Al zarpar a los siguientes párrafos, descubriremos más cosas sorprendentes que las encontradas por esos investigadores en 1985. ¿Está usted listo? ¡Es el momento de descubrir verdades titánicas acerca del templo!

Es un hecho que muchas organizaciones judías en Jerusalén se están preparando para la reconstrucción de un tercer templo sobre el Monte del Templo. Un popular libro cristiano titulado *The Edge of Time* (El Borde del Tiempo), por Peter y Patty Lalonde, ofrece el siguiente reporte: "Un modelo del tercer templo ha sido construido y está en exhibición en la Antigua Jerusalén. Además se ha hecho una lista computarizada de sacerdotes que cumplen con los requisitos de un sacerdote del templo, y estudiantes rabínicos han sido entrenados para los ritos y sacrificios del antiguo templo judío".[1] Muchos religiosos judíos quieren otro templo. Millones de cristianos creen que la Biblia definitivamente predice que uno será construido. Pero, *¿lo predice realmente?* ¿Será posible que la teoría del "tercer templo" sea otro gran engaño de los últimos días?

Primeramente, enfoquémonos en lo que sucedió antes que el segundo templo fuese destruido. Cuando Cristo murió, "el velo del templo se rasgó en dos, desde arriba hacia abajo. La tierra tembló, y las rocas se partieron" (Mateo 27:51). Al romper el velo, el Dios todopoderoso mostró a toda la humanidad que los sacrificios animales ya no tenían valor. El servicio del templo terrenal estaba llegando a su fin. ¿Por qué? ¡Porque el gran sacrificio acababa de ser ofrecido! Unos años más tarde, Pablo escribió respecto al templo terrenal, "lo anticuado se envejece y desaparece" (Hebreos 8:13). En el año 70 d.C. el segundo templo fue destruido por los romanos.

Piense por un momento. ¿Podría la providencia divina guiar al pueblo judío a la reconstrucción de un tercer templo? ¿Reiniciaría el Padre el sistema de sacrificios que finalizaron con la muerte de su Hijo? Cuando Jesús exclamó: "Acabado es" (Juan 19:30), abolió todo el sistema de sacrificios. ¡Él fue el más grande sacrificio! Por lo tanto, ¿no sería la reanudación de los sacrificios una negación abierta de que Jesucristo es el Mesías? Si Israel llegara a reconstruir un tercer templo y comenzara a ofrecer sacrificios, ¿No sería esto otra negación nacional y oficial del Salvador? ¿Qué sucedió hace 2,000 años cuando los líderes de Israel rechazaron a su Mesías? ¡El resultado fue desastroso! Más de un millón de judíos perecieron.

Tres secciones de las Escrituras, principalmente están siendo usadas para apoyar la teoría del "tercer templo". Estas son Daniel 9:27, una mezcla de "textos del templo" de Apocalipsis, y 2 Tesalonicenses 2:4. Pero en ninguna de estas tres secciones se dice algo acerca de algún templo siendo "reconstruido". En el Antiguo Testamento, grandes porciones de las Escrituras son dedicadas a la construcción del tabernáculo del desierto, el primer templo, y el segundo templo (Éxodo 35-40; 1 Reyes 6; Esdras 3-6). Pero acerca de una *reconstrucción literal* de un tercer templo judío, no encontramos nada.

Argumento 1. El uso de Daniel 9:27

Eruditos de la profecía popular de hoy en día argumentan que cuando Daniel 9:27 describe la venida de uno que "hará cesar el sacrificio", debe referirse a un anticristo en los últimos tiempos quien terminará con los sacrificios del templo judío reconstruido. Pero probamos en el capítulo 5 de este libro que fue Jesucristo quien ya cumplió la predicción "él cesará el sacrificio" hace 2,000 años a través de su muerte en la cruz. Matthew Henry fielmente declaró que fue Jesús quien "haría cesar el sacrificio y la ofrenda. Al ofrecerse a sí mismo como un sacrificio una vez y para siempre, pondría fin a todos los sacrificios Levíticos"[2]. Por lo tanto, cuando la gente usa Daniel 9:27 como un texto fundamental para apoyar la idea de un "tercer templo reconstruido", está en realidad construyendo una casa sobre la arena. Lo que es peor. ¡Está construyendo sobre una falla sísmica!

Argumento 2. "Pasajes del templo" en el libro de Apocalipsis

Todos esto textos tienen que ver con el templo celestial. Apocalipsis 11:19 dice, "el Santuario de Dios que está en el cielo". Apocalipsis 14:17 dice que "otro ángel salió del Santuario que está en el cielo".

Apocalipsis 15:5 declara que "se abrió el Santuario en el cielo", y Apocalipsis 16:17 dice: "Y del Santuario del cielo salió una gran voz desde el trono". Así que hay un templo en el cielo. Y es en este templo donde Jesucristo, nuestro Gran Sumo Sacerdote, ahora ministra su sangre por nosotros (Hebreos 8:1, 2; 9:12, 14). Es a este templo al que Pablo recomienda a los cristianos que contemplen (Hebreos 10:19-22). Estudiaremos este tópico más detalladamente en el capítulo 12 de este libro.

Argumento 3. El uso de 2 Tesalonicenses 2:4

Este es probablemente el pasaje más importante usado para apoyar la teoría del "tercer templo". Aquí Pablo escribió que el Anticristo se sentaría "en el templo de Dios, como Dios, haciéndose pasar por Dios" (2 Tesalonicenses 2:4). Hal Lindsey comenta: "Es real que el templo será reconstruido. La profecía lo demanda … [El Anticristo] toma su sitio en el templo de Dios, mostrándose a sí mismo como si fuera Dios (2 Tesalonicenses 2:4)… Debemos concluir que un tercer templo será reconstruido sobre su posición original en la Antigua Jerusalén".[3]

2 Tesalonicenses 2:1-8 es uno de los pasajes más controversiales de la Biblia. Ahora es el momento de examinar esta sección cuidadosamente. En este análisis, voy a usar información del protestantismo histórico, ya que estas eran doctrinas comúnmente aceptadas en Europa, Inglaterra y América por más de 300 años, desde el tiempo de la Reforma.

Análisis de 2 Tesalonicenses 2:1-8

Versículo 1. "Acerca de la venida de nuestro Señor Jesucristo, y nuestra reunión con él, os rogamos, hermanos". Jesús "viene" para juntar a Sus niños. La palabra griega usada aquí para "venida" es *parousía*, la cual claramente se refiere a la segunda venida de Jesucristo (Mateo 24:27).

Versículo 2. "Que no os mováis fácilmente de vuestro modo de pensar, ni os alarméis, ni por espíritu, ni por palabra, ni por carta supuestamente nuestra, de que el día del Señor está cerca". En este pasaje Pablo advierte a los Tesalonicenses que no se alarmen por alguien que les sugiera que "el día del Señor" en el cual él "juntaría" a su pueblo estaba "cerca" en el primer siglo. No, algo grande necesita pasar antes.

Versículo 3. "Nadie os engañe en ninguna manera, porque ese día [cuando Cristo venga a juntar a su pueblo] no vendrá sin que antes venga la apostasía, y se manifieste el hombre de pecado [Anticristo], el hijo de perdición". Aquí Pablo es bien claro. "Ese día" cuando Jesús venga a "juntarnos" no sucederá sin que antes venga "la apostasía" y el Anticristo sea revelado. Por lo tanto, contrario a la opinión pública, ¡el Anticristo viene *antes* de que Jesús venga a juntar a su pueblo! Pablo advierte: "Nadie os engañe en ninguna manera" en creer algo diferente.

La frase, "una apostasía", significa "abandonar públicamente" la verdad. Por lo tanto, habrá en la historia de la cristiandad, así como en la historia de Israel, un "abandono" de la verdad que resultaría en el levantamiento del Anticristo. Pablo llamó a este Anticristo "el hombre de pecado". Estas palabras señalan a una profecía anterior en Daniel capítulo 7.

El capítulo 7 de Daniel predice el levantamiento de un "cuerno pequeño" con "ojos como los ojos de hombre" (Daniel 7:8). Daniel no dijo que el cuerno pequeño sería un hombre, sino que tendría "ojos como ojos de hombre". Este cuerno saldría de la "cuarta bestia", o "cuarto reino" (versículo 23), el cual era el Imperio Romano. Se levantaría de entre los 10 cuernos en Europa (versículo 8), hablaría palabras orgullosas contra Dios (versículos 8, 25) y haría "guerra contra los santos" (versículo 21) en la historia cristiana.

Pablo también llamó al Anticristo "el hijo de perdición", y así fue como Jesús llamó a Judas (Juan 17:12). Judas era parte del círculo, un apóstol, uno de los doce. Judas besó a Jesús, llamándolo "Maestro" (Marcos 14:45). Pero era un beso de traición. Cuando Pablo llama al Anticristo "el hijo de perdición", nos da una clave de que el engañador no será un dictador pagano como Adolfo Hitler, sino un profeso apóstol de Jesús. Pero que en realidad será un falso apóstol (ver 12 Corintios 11:13).

Versículo 4. "Que se opondrá y exaltará contra todo lo que se llama Dios, o que se adora; hasta sentarse en el templo de Dios, como Dios, haciéndose pasar por Dios". Pablo no dijo, como muchos creen, que el Anticristo entrará al templo diciendo: "Yo soy Dios", sino que se sentará "como Dios, haciéndose pasar por

Dios". La diferencia es sutil, pero muy importante. El Anticristo "no lo dirá", puesto que sería muy obvio. Pero sí lo "mostrará" con sus acciones.

El Anticristo se "sentará". Esto no significa que se sentará literalmente sobre una silla. En el lenguaje de la Biblia "sentarse" significa, estar en una posición de autoridad. Jesucristo está sentado" a la diestra de Dios (Marcos 16:19). Él es nuestra suprema autoridad, el único Mediador entre Dios y el hombre (1 Timoteo 2:5). De acuerdo a Pablo, el Anticristo, también se "sentará" en forma engañosa en una posición de autoridad. Pero este "sentarse" será ¡en oposición de la autoridad suprema de Jesucristo!

El Anticristo se sentará "en el templo de Dios". ¡He aquí el texto clave! Millones de cristianos sinceros, como Hal Lindsey, aplican este pasaje a un tercer templo judío reconstruido en Jerusalén. Pero, ¿será correcto? Piense. Digamos que un grupo de judíos, que no cree en el gran sacrificio de Jesucristo, reconstruyeran un tercer templo sobre el Monte del Templo, ¿podría ese templo realmente ser llamado "el templo de Dios"? ¡No! Ya que ese templo sería en sí mismo una negación de Jesucristo. Note lo que el famoso comentador Cristiano Adam Clarke dijo acerca de las palabras de Pablo: "Por el templo de Dios Pablo no puede referirse al templo de Jerusalén, ya que, él sabía, que sería destruido en algunos años. Después de la muerte de Cristo el templo de Jerusalén nunca más fue llamado por los apóstoles el *templo de Dios*"[4].

La palabra griega usada aquí para "templo" es "naos". Una verdad titánica acerca del templo es que cada vez que Pablo usa la palabra "naos" en sus epístolas, siempre las aplica *no* a un edificio en Jerusalén, sino ¡a la Iglesia! Pablo escribió a "la iglesia de Dios que está en Corinto", diciendo "¿No sabéis que sois templo ['naos'] de Dios?" (1. Corintios 1:2; 3:16: ver también 2 Corintios 6:16 y Efesios 2:19-22). Así que, para Pablo, "el templo de Dios" es ¡la iglesia cristiana! Nuevamente, Adam Clarke comenta: "Bajo la dispensación evangélica, *el templo de Dios* es la Iglesia de Cristo".[5] ¡Y es aquí donde se sienta el Anticristo! Engañosamente entrará en la iglesia, como Judas, ¡quien era uno de los doce! Luego se "sentará" en una posición suprema, aparentemente con autoridad infalible, la cual sutilmente falsificará la suprema autoridad de Jesucristo.

Si usted fuera el diablo, ¿no intentaría hacer lo mismo? Usted no pasaría su tiempo en las cantinas. Su mota sería ¡tratar de engañar a los cristianos! Si usted fuera Satanás, ¿no intentaría entrar en la iglesia, llegar hasta el púlpito, y luego predicar un sermón? (Ver Hechos 20:28-31; 1 Timoteo 4:1; 2 Timoteo 4:3, 4). ¡Esto es exactamente lo que Pablo dice que hará el Anticristo! Inteligentemente entrará en el templo de Dios, el cual es la Iglesia Cristiana, y luego se "sentará" en una posición de aparente autoridad suprema al hacer declaraciones en asuntos de doctrina cristiana.

El famoso a nivel mundial Matthew Henry, quien

tenía sus raíces fundadas en el protestantismo histórico, comentó: "[Pablo] habla acerca de una gran apostasía… No mucho después que la cristiandad fue plantada en el mundo que comenzó una desviación en la iglesia cristiana… es llamado el hombre de pecado… el hijo de perdición… estos nombres pueden ser propiamente aplicados al Estado papal… Los obispos de Roma no solamente se han opuesto a la autoridad de Dios… sino que se han exaltado sobre Dio… El Anticristo aquí mencionado es un usurpador de la autoridad de Dios en la iglesia cristiana… y ¿a quién mejor que a los obispos de Roma puede este pasaje referirse?"[6]

El punto de vista anterior fue compartido por Juan Wycliffe, William Tyndale, Martín Lutero, Juan Calvino, los traductores de la Biblia Reina-Valera, Juan Wesley, Sir Isaac Newton, Carlos Spurgeon, el obispo J. C. Ryle, el Dr. Martyn Lloyd-Jones, y un incontable número de reformadores protestantes. ¿No hemos descubierto ya una verdad titánica?

Versículo 5,6. "¿No os acordáis que cuando estaba todavía con vosotros, os decía esto? Ahora sabéis lo que impide [detiene] que a su tiempo se manifieste". Esta es una oración bien controversial. Una multitud de eruditos en profecía de hoy en día cree que el Espíritu Santo dentro de la iglesia cristiana es el que impide. Ellos enseñan que cuando la iglesia es removida en el rapto, entonces aparecerá el Anticristo. También enseñan que cuando el Anticristo aparezca, entonces entrará al reconstruido templo judío en

Jerusalén y proclamará que él es Dios. Supuestamente esto sucederá durante "los siete años de tribulación." Pero de acuerdo a lo que hemos estudiado hasta el momento, ¿puede usted ver que hay algo raro en esta imagen?

Pablo no especificó en esta carta "qué" era lo que detenía al Anticristo. Pero los tesalonicenses lo sabían, ya que Pablo en el versículo 6 dice que previamente él les "decía" esto. Un estudio de los padres de la iglesia, quienes eran los líderes cristianos posteriores a los apóstoles, revela exactamente lo que la iglesia primitiva creía. "La Iglesia Primitiva —de la *única* que podremos aprender que fue lo que Pablo les dijo oralmente, pero que omitió en sus escritos— ha dejado registrado que el apóstol les dijo que este poder detenedor era el dominio de los Césares romanos; ya que mientras ellos continuaran reinando en Roma, el desarrollo del poder diabólico predicho sería imposible… Mientras los Césares reinen [el Anticristo] no puede aparecer, pero cuando estos desaparezcan él será su sucesor".[7]

Basado en su investigación histórica, Matthew Henry consintió: "Esto se supone [cree] ser el poder del Imperio Romano, al cual el apóstol no consideraba fuera apropiado mencionar abiertamente en esa época; y es notorio que, mientras que este poder continuó, previno los avances del obispado de Roma a esa clase de tiranía a la que más tarde llegarían".[8] Así que, el poder que "impedía", o detenía, era el poder imperial de romano detentado por los Césares. Fue hasta que

Roma cayó, en el año 476 d.C. cuando los papas estuvieron libres para ejercer su dominio. Esta era una interpretación común entre los eruditos luteranos, bautistas, presbiterianos, y metodistas por 300 años después de la Reforma. Pero en estos días la situación ha cambiado. Nuevos eruditos han aparecido con nuevas teorías.

Versículo 7. "Porque el misterio de iniquidad ya está obrando, sólo espera que sea quitado de en medio el que ahora lo detiene". En los días de Pablo, debido al poder detenedor del Imperio Romano, el levantamiento del Anticristo al poder, estaba siendo evitado. Pero una profecía anterior de Daniel predijo la caída eventual de la cuarta bestia (el Imperio Romano), lo que permitiría que el "cuerno pequeño" (el Anticristo) se levantara a la acción (Daniel 7:7, 8). En su Epístola a los Tesalonicenses, Pablo no especificó en forma escrita que el Imperio Romano eventualmente sería "quitado". La razón por la que no lo hizo fue porque su carta podía ser descubierta por las autoridades romanas, lo que hubiera resultado en más "persecución y tribulación" contra sus conversos, por lo que hubiera parecido deslealtad al César (ver 2 Tesalonicenses 1:4). Este enfoque encaja en la profecía y la historia. No solamente eso, sino que además ¡hace perfecto sentido!

En los días de Pablo, el "misterio de la iniquidad" ya estaba trabajando, pero estaba en su mayoría oculto. No fue sino hasta que el Imperio Romano finalmente cayó en el año 476 d.C. que este "misterio" fue completamente revelado por lo que realmente era ante los ojos del mundo entero. Luego llegó la Edad Oscura, cuando Europa fue sujetada por la mano del terror por casi 1,000 años. Los historiadores estiman que "el Santo Oficio de la Inquisición" fue culpable de la tortura y muerte de unos 50 a 100 millones de cristianos. ¡Y esto fue hecho en el nombre de Jesucristo! Definitivamente el Anticristo ha entrado en el templo de Dios.

Versículo 8. "Entonces se manifestará aquel inicuo, a quien el Señor matará con el aliento de su boca, y destruirá con el resplandor de su venida". Así que "el misterio de la iniquidad" comenzaría en los días de Pablo y continuaría hasta el fin. Entonces será destruido "con el resplandor de su venida". La palabra griega para "venida" usada en el versículo 8 es la misma palabra usada para "venida" en el versículo 1. Esa palabra es *parousía*, la cual claramente hace referencia a la segunda venida de Jesucristo. Por lo tanto, de acuerdo a los versículos 1 y 8, es durante la segunda venida, *después* que el Anticristo es revelado, cuando Jesucristo vendrá a "juntar" a su pueblo.

Un Resumen Simple de 2 Tesalonicenses 2:1-8

Versículo 1. Jesucristo "viene" [la *parousía*] a "juntar" a su pueblo.

Versículo 2. Pablo dijo a los cristianos en Tesalónica que no fueran "movidos" por falsas ideas de que este "día de Cristo" estaba "cerca" en el primer siglo.

Versículo 3. Antes que "el día de Cristo" venga,

"una apostasía" debe ocurrir, luego el profetizado "hombre de pecado" debe ser revelado.

Versículo 4. Este "hombre de pecado" se exaltará a sí mismo y más aun se sentará en el "templo de Dios", el cual es *la iglesia*, "haciéndose pasar por Dios".

Versículo 5. Pablo había previamente advertido a los tesalonicenses acerca de esto.

Versículo 6. Los tesalonicenses sabían "qué" detenía al Anticristo.

Versículo 7. El Anticristo ya estaba trabajando secretamente en el siglo I. Pronto el poder retenedor "sería quitado".

Versículo 8. Entonces el Anticristo sería completamente "revelado". Después de esta revelación, continuaría hasta la segunda venida de Jesucristo. Luego será "destruido" por el "resplandor" de la "venida [*la parousía*] de Cristo. Y es en esta segunda venida, en la *parousía*, *después* que el Anticristo ha sido revelado, ¡cuando Jesucristo "juntará" a su pueblo que se ha mantenido fiel a la verdad!

¿Qué hemos descubierto en lo profundo de las aguas de la Biblia? Algo más grande de lo que encontraron esos investigadores en 1985. ¡Hemos descubierto verdades titánicas acerca del templo! Hemos aprendido que no hay nada en las Escrituras acerca de la reconstrucción de un tercer templo judío sobre el Monte del Templo. Cuando Apocalipsis habla de un templo, siempre hace referencia a un "templo en el cielo" (Apocalipsis 16:17). Y cuando Pablo escribió acerca del Anticristo entrando en el templo de Dios, ¡hablaba acerca de su entrada en la Iglesia! Si ciertas personas que rechazan el sacrificio final de Jesucristo reconstruyen alguna vez un tercer templo sobre el Monte del Templo dentro de Jerusalén, ¡con seguridad no será el "templo de Dios"!

Así que no deje que lo engañen. Millones hoy en día esperan alguna clase de Anticristo mágico que se presente después que todos los cristianos han sido raptados de este mundo. Los libros que enseñan esto se convierten en *bestsellers*. Los videos que promueven esto son vistos desesperadamente en toda América. Muy pocos cuestionan estas ideas. Y aun menos son los que buscan que ocurra ¡alguna clase de engaño *dentro* de la iglesia! Pero Pablo estaba escribiendo para nosotros al advertir, "Nadie *os* engañe en ninguna manera" (2 Tesalonicenses 2:3, énfasis por el autor). Esa palabra "os" se refiere ¡a usted y a mí! Que Dios nos ayude a estar cerca de Jesucristo y a evitar los engaños de aquellos que han "apostatado" de la verdad.

---

[1] Peter and Patty Lalonde, *The Edge of Time* (Al Borde del Tiempo), pág. 41.

[2] *Matthew Henry's Commentary on the Whole Bible* [Comentario de Toda la Biblia de Matthew Henry] (Nueva York: Fleming H. Revell Co.) t. 4-Isaías a Malaquías, Edición Completa 1712, notas acerca de Daniel 9:27, pág. 1095.

[3] Hal Lindsey with C.C. Carlson, *The Late Great Planet Earth* [El Difunto Gran Planeta Tierra] (Grand Rapids, Mich.: Zondervan), 1970, pág. 45, 46.

[4] *The New Testament of Our Lord and Saviour Jesus Christ* [El

Nuevo Testamento de Nuestro Señor Jesucristo] (Nueva York: Abingdon-Cokesbury Press), t. 2-Romanos a Apocalipsis, con comentario y notas críticas por Adam Clarke, notas sobre 2 Tesalonicenses 2:3, 4, pág. 602.

[5] *Ibíd.*

[6] *Matthew Henry's Commentary on the Whole Bible* [Comentario de Toda la Biblia de Matthew Henry] (New York: Fleming H. Revell Co.), t. 6-Hechos a Apocalipsis, Edición Completa 1712, notas acerca de 2 Tesalonicenses 2:3,4, pág. 798.

[7] H. Gratan Guiness, *Romanism and the Reformation* [El romanismo y la Reforma, originalmente publicado en 1887,] (Rapidan, VA: Hartland Publications), © 1995, pág. 51

[8] *Matthew Henry's Commentary on the Whole Bible* [Comentario de Toda la Biblia de Matthew Henry] (New York: Fleming H. Revell Co.) t. 6-Hechos a Apocalipsis, Edición Completa 1712, notas acerca de 2 Tesalonicenses 2:3,4, pág. 798.

Capítulo 10

Cuando se Seque el Río Éufrates

Hemos llegado al corazón de este libro. Llegó el momento de estudiar el libro del Apocalipsis. Al abrir sus sagradas páginas, descubrimos declaraciones acerca del Monte Sion (14:1), las doce tribus de Israel (7:4-8), Jerusalén (21:10), el templo (11:19), Sodoma y Egipto (11:8), Babilonia (17:5), Gog y Magog (20:8), el río Eufrates (16:12), y el Armagedón (16:16). Así que, es obvio que Apocalipsis usa la terminología y geografía del Medio Oriente en sus profecías. Pero lo que está sucediendo en este momento por todo el planeta es que muchos eruditos evangélicos sinceros están aplicando la mayoría de estos términos literalmente —a esos lugares literales y a la nación judía también en el Medio Oriente. Nuevamente, aquí está la pregunta "super explosiva": ¿Quiere Dios que estas profecías sean aplicadas al Israel en la carne, o al Israel espiritual?

Un ejemplo de esta clase de literalismo del Medio Oriente es la siguiente interpretación de Apocalipsis

16:12. La Biblia dice: "El sexto ángel derramó su copa sobre el gran río Eufrates, y su agua se secó, para preparar el camino para los reyes que vienen del oriente". Una revista cristiana muy popular titulada *Endtime* [Tiempo del fin] comenta: "EL RÍO EUFRATES SE SECARá: En Apocalipsis 16:12, la Biblia predice que el río Eufrates será secado para preparar el camino de los reyes del oriente para que invadan Israel. Esto sucederá durante el tiempo de la batalla del Armagedón... El 14 de enero de 1990, el periódico *Indianapolis Star* publicaba la noticia: 'Turquía cortará la corriente del Éufrates por un mes'. El artículo decía que una gran reserva había sido construida por Turquía. Mientras se llenaba la reserva, la corriente del Éufrates tenía que ser cortada por un mes y que se construiría un canal para desviar el agua. Estas cosas ya han sido hechas. Con esta presa recién construida, Turquía tiene la habilidad de detener al río Éufrates cuando lo desee. ¡Las condiciones para que se cumpla esta profecía de hace 1900 años están en su lugar!"*

Cuando muchos cristianos leen acerca del secamiento del río Éufrates, lo aplican en forma literal. Se ha dicho muchas veces que los reyes del oriente son los chinos. Cuando la Turquía moderna construyó una presa en el río Éufrates, muchos concluyeron que pronto un gran ejército chino tendría la posibilidad de cruzar un río seco para poder atacar Israel en el Armagedón. Es así como supuestamente Apocalipsis 16:12 será cumplido. Pero no podemos evitar preguntarnos: ¿Porqué los chinos emprenderán esta clase de ataque? Y si alguna vez atacan a Israel, ¿por qué se preocuparán en cruzar este río? ¿Por qué no simplemente enviarán aviones y tirarán bombas? ¿Acaso no nos enseñó la Guerra del Golfo Pérsico que no se logra mucho en la guerra terrestre debido a los avances técnicos de nuestra época?

Estamos a punto de aprender de la Biblia que tal literalismo del Medio Oriente en realidad falla en la comprensión del significado del libro de Apocalipsis. Falla en discernir que el libro de Apocalipsis simplemente usa términos del Antiguo Testamento, y la historia y geografía como símbolos que luego son aplicados espiritual y globalmente en el fin del tiempo. El 9 de agosto de 1945, el gobierno de los Estados Unidos finalmente decidió dejar caer una bomba atómica llamada "el Gordo" sobre Nagasaki. El tiempo ha llegado para que dejemos caer nuestra versión de el "Gordo" sobre el método popular de interpretación de la profecía bíblica.

"El sexto ángel derramó su copa sobre el gran río Éufrates, y su agua se secó, para preparar el camino para los reyes que vienen del oriente" (Apocalipsis 16:12). Para poder entender correctamente esta profecía, debemos estudiar antes algo de la historia bíblica antigua acerca de Israel y Babilonia. En el 605 a.C. "vino Nabucodonosor rey de Babilonia a Jerusalén, y la sitió" (Daniel 1:1). Jerusalén fue conquistada e Israel fue llevado cautivo por 70 años (Daniel 9:2). Después de estos 70 años, una asombrosa serie de circunstancias sucedió. El Éufrates fue secado, Babilonia fue conquistada por el oriente, e Israel fue liberado. Como veremos pronto, esta historia forma el fundamento para el verdadero entendimiento de Apocalipsis 16:12.

La antigua Babilonia estaba edificada sobre el río Éufrates (Jeremías 51:63, 64). Una muralla rodeaba la ciudad. El río Éufrates corría a través de Babilonia, entrando y saliendo a través de dos puertas metálicas de barrotes que llegaban hasta el fondo del río. Cuando estas puertas se cerraban y todas las demás entradas eran también cerradas, Babilonia era impenetrable. La antigua Babilonia era "soberbia" "Copa de oro... Ella embriagó a toda la tierra. De su vino bebieron todos los pueblos" (Jeremías 50:32; 51:7). Pero caería y sería destruida repentinamente (Jeremías 51:8). Luego Dios llamaría a Israel, diciendo: "Salid de ella, pueblo mío, y salve cada uno su vida de la ira y del enojo del Eterno" (Jeremías 51:45). Como veremos pronto, estas mismas palabras son repetidas en el libro del Apocalipsis para el Israel espiritual acerca de la importancia de salir de la moderna Babilonia (Apocalipsis 17:4, 5; 18:2-8).

En el año 438 a.C., la noche de la caída de la antigua Babilonia, su rey y su séquito estaban borrachos con vino (Daniel capítulo 5). También lo estaban los guardias, y éstos olvidaron cerrar por completo las puertas. Hacía más de 100 años, Dios había predicho acerca de Babilonia y el Éufrates: "Que digo al profundo océano: 'Sécate', y sus ríos se secan" (Isaías

44:27). El Señor también habló acerca de "Ciro", quien conquistó Babilonia: "Así dice el Eterno a su ungido, a Ciro, a quien tomó por su mano derecha, para sujetar naciones ante él, y desatar lomos de reyes; para abrir ante él puertas, puertas que no se cerrarán" (Isaías 45:1). Es más Dios llamó a Ciro "mi pastor" y "mi ungido" (Isaías 44:28; 45:1). Así que Ciro era un tipo de Cristo, y ¡él "llegó del Oriente" (Isaías 46:11)!

Dentro del Museo Británico en Londres se encuentra el famoso Cilindro de Ciro. Describe cómo Ciro, un general de Darío, conquistó Babilonia. Ciro y su ejército cavaron trincheras corriente arriba en la ribera del río Éufrates. Al desviar el agua, el río gradualmente se fue secando al llegar a la ciudad de Babilonia. Nadie se dio cuenta. Esa noche, en el apogeo del banquete de Belsasar, el agua bajó lo suficiente como para que Ciro y sus hombres silenciosamente pasaran por debajo de las puertas, las cuales habían quedado abiertas. Pronto tomaron la condenada ciudad, mataron al rey (Daniel 5:30), y conquistaron Babilonia. Luego Ciro emitió un edicto para dejar que Israel saliera de Babilonia (Esdras capítulo 1).

El libro de Apocalipsis usa los eventos, la geografía, y la terminología del Antiguo Testamento, y los aplica universalmente a Jesucristo, al Israel de Dios, y la Babilonia moderna durante el tiempo del fin. Un error al discernir este principio ha dado como resultado ¡un gran mal entendimiento de Apocalipsis, un foco del Medio Oriente falso, y *un engaño*!

En Apocalipsis capítulo 17, un ángel dijo al apóstol: "Ven, y te mostraré el castigo de la gran ramera, que está sentada sobre muchas aguas". "Y me llevó en espíritu al desierto. Allí vi una mujer sentada sobre una bestia escarlata… y estaba cubierta de nombres de blasfemia… Y en su mano tenía una copa de oro". "Y en su frente tenía escrito este nombre: 'MISTERIO, LA GRAN BABILONIA, MADRE DE LAS RAMERAS Y DE LAS ABOMINACIONES DE LA TIERRA'" (Apocalipsis 17:1, 3, 4, 5). Juan vio a esta mujer cuando él estaba en "el espíritu". ¡Por lo tanto nosotros también tenemos que estar en "el espíritu" para poder entender esta profecía!

Note cuidadosamente, Juan vio un Misterio, la Gran Babilonia la cual "está sentada sobre muchas aguas". También tiene "una copa de oro", ¡tal y como lo leímos en Jeremías! Pero esta misteriosa Babilonia no es la misma antigua ciudad de Babilonia del Medio Oriente, y las "muchas aguas" sobre las cuales se sienta no se refieren al río Éufrates literal que hoy en día atraviesa Irak. ¡No! El ángel intérprete de Apocalipsis dijo: "Las aguas que viste donde la ramera se sienta, *son pueblos y muchedumbres, naciones y lenguas*" (Apocalipsis 17:15, énfasis por el autor).

La grandiosidad del Apocalipsis es que usa la historia del Antiguo Testamento y luego la aplica espiritualmente al Misterio, Babilonia, la cual hoy se "sienta sobre muchas aguas" del ¡río Éufrates espiritual! De acuerdo al ángel intérprete, este río de "muchas aguas" en realidad representa "pueblos y muchedumbres y naciones" de alrededor del mundo que apoyan al Misterio, Babilonia y su engaño global (Apocalipsis 17:15, 18:23). Haciendo eco de las antiguas palabras del profeta Jeremías, pero aplicándolas espiritual y globalmente, Apocalipsis dice: "¡Ha caído, ha caído la gran Babilonia!, porque ha dado a beber a todas las naciones del vino del furor de su fornicación' (Apocalipsis 14:8).

El error de aquellos que adoptan el método de interpretación "literal del Medio Oriente" de las profecías del Apocalipsis nace de: (1) la creencia que estas profecías deben aplicarse al Israel en la carne, (2) un fracaso en estudiar las raíces históricas en el Antiguo Testamento, detrás de las profecías del Apocalipsis, y (3) un fracaso al aplicar esa historia espiritual y universal al Israel en el Espíritu y a los enemigos globales del Señor. Intérpretes modernos usualmente aplican las palabras "Babilonia", "Éufrates", y "reyes del Oriente" a una ciudad literal, un río literal, y ejércitos literales en el Medio Oriente. Pero el Apocalipsis habla de aquello "que simbólicamente se llama Sodoma y Egipto", acerca del "Místerio, Gran Babilonia", y acerca de "aguas" que representan "pueblos y muchedumbres, naciones y lenguas" (Apocalipsis 11:8; 17:1, 5, 15).

Esta situación puede ser comparada con el uso de dos pares de lentes. Si nos ponemos "los lentes del Medio Oriente literal" y leemos el Apocalipsis, "veremos" estas profecías aplicables al Israel en la carne. Pero si nos ponemos los "lentes del Medio

Oriente simbólico" y entonces leemos el Apocalipsis, podremos "ver" estas profecías aplicables al Israel en el espíritu. Pablo escribió a los cristianos, "Pero vosotros no vivís según la carne, sino según el Espíritu" (Romanos 8:9). Si nos ponemos los lentes equivocados e interpretamos las profecías de acuerdo a la carne, terminaremos más ciegos que un murciélago. Pero si nos ponemos los lentes correctos e interpretamos las profecías de acuerdo al Espíritu, entonces diremos: "Estaba ciego, mas ahora veo" (Juan 9:25).

Una mujer en la profecía representa una iglesia. La Iglesia de Jesucristo es llamada "su esposa" quien se "ha preparado" para la boda del Cordero (Apocalipsis 19:7, 8). Esa mujer llamada "MISTERIO, BABILONIA" representa una forma falsa da la cristiandad la cual ha apostatado de Dios y ¡ahora se encuentra descarriando a "tribus, multitudes, naciones y lenguas" de la verdad de Jesucristo! Igual que con el antiguo Israel en sus días oscuros, esta moderna Babilonia está jugando el papel de "la prostituta" (Ezequiel 16:1, 2, 15, 35). Es más, se encuentra emborrachando a todas "las naciones" con su "vino", el cual representa las falsas doctrinas. Este Misterio, Babilonia está contradiciendo "el Ministerio de Cristo" que estudiamos en el capítulo 7. Ha reconstruido una pared entre los judíos y los gentiles —una pared que Jesucristo eliminó en la cruz (Efesios 2:14-17)

En el Antiguo Testamento, cuando Ciro secó el río

Éufrates *literal*, Dios dijo a los judíos *literales* que salieran de la Babilonia *literal.* "Pueblo mío —avisó el Señor — salid de ella y salve cada uno su vida de la ira y del enojo del Eterno" (Jeremías 51:45). Este mismo llamado se está dando a aquellos que se encuentran en las filas de la Babilonia *espiritual.* Dios dice: "¡Salid de ella, pueblo mío, para que no participéis de sus pecados, y no recibáis de sus plagas!" (Apocalipsis 18:4).

Dentro de la Babilonia espiritual de hoy en día se encuentra un gran número de verdaderos cristianos que sirven al Señor con lo mejor de sus habilidades. Esto es aplicable también para muchos que están enseñando falsas profecías. Aun así Dios todavía los llama "pueblo mío". La misericordia de Dios los mira como parte de su Israel espiritual. Pero ¡ellos están confundidos! La palabra "Babilonia" significa "confusión". Debido a la confusión religiosa global de hoy en día, millones del pueblo de Dios creen falsas teorías acerca del fin del tiempo. Pero de acuerdo a Apocalipsis 18:4, Jesucristo nos está llamado a "salir" de la confusión espiritual y a *entrar en la verdad de su Palabra.* ¡Todos debemos dejar Babilonia antes que sea muy tarde! ¡Pronto el río será secado!

"El sexto ángel derramó su copa sobre el gran río Éufrates, y su agua *se secó*" (Apocalipsis 16:12, énfasis por el autor). "Babilonia la Grande" ahora se sienta "sobre el gran río Éufrates". Este río representa "pueblos y multitudes" alrededor del mundo, quienes se niegan a salir de Babilonia, continúan apoyando las falsas doctrinas del Misterio, Babilonia. Pronto "el sexto ángel" derramará "su copa sobre el gran río Éufrates". Esta copa es una de "las siete copas de la ira de Dios" (Apocalipsis 16:1). Así que, ¡es la ira de Dios, no la moderna Turquía, que secará el Éufrates! ¿Qué significa esto? Prepárese. Significa que ¡la ira de Dios pronto será derramada sobre aquellos que continúen apoyando los engaños de Babilonia!

Cuando los "pueblos, multitudes y naciones" que han apoyado hasta el fin a la moderna Babilonia lleguen a experimentar la ira de Dios, entonces se darán cuenta que han sido engañados. Entonces ellos "aborrecerán a la ramera, y la dejarán desolada y desnuda; devorarán su carne y la quemarán a fuego" (Apocalipsis 17:16). Su apoyo para Babilonia desaparecerá. *Es así como el agua de Babilonia se secará*, "para preparar el camino para los reyes que vienen del oriente" (Apocalipsis 16:12).

Ciro vino del "oriente" para conquistar la antigua Babilonia (Isaías 44:26-28; 46:11). La palabra "oriente" significa "salida del sol". El nombre Ciro significa "sol". Ciro era un tipo de Jesucristo, "el Sol de justicia" (Malaquías 4:2). En Apocalipsis, los ángeles de Dios vienen del oriente (Apocalipsis 7:2). Jesús dijo: "Porque como el relámpago que sale del *oriente* y se muestra hasta el occidente, así será la venida del Hijo del Hombre" (Mateo 24:27, énfasis por el autor). Jesús viene del oriente con su ejército ce-lestial como "REY DE REYES Y SEÑOR DE SEÑORES" (Apocalipsis 19:14, 16). Así que, "los reyes del oriente" no son los chinos, sino el Rey Jesucristo y su ejército, los cuales pronto descenderán de los cielos del oriente para conquistar la moderna Babilonia y así liberar a Israel en el Armagedón.

¿A cuál Israel liberará Jesús? Con seguridad será un Israel en el Espíritu, el cual, habiendo escogido andar en el Espíritu e interpretar las profecías de acuerdo al Espíritu, también ha escogido "salir" del Misterio, Babilonia y rechazar sus ideas carnales (Gálatas 5:16, 25; Apocalipsis 18:4). ¡Seamos parte de ese Israel!

---

* *Endtime Magazine* [Revista del Fin del Tiempo], enero/febrero 1998, pág. 2.

CAPÍTULO 11

Ranas, Fábulas y el Armagedón

A la mayoría de la gente no le agradan las ranas, pero yo acostumbraba capturarlas cuando estaba pequeño. ¿Sabía usted que el libro de Apocalipsis habla acerca de ranas? Sorprendentemente, las conecta con la batalla del Armagedón.

Juan escribió: "Y vi salir de la boca del dragón, de la boca de la bestia, y de la boca del falso profeta, tres espíritus impuros como ranas, que son espíritus de demonios, que hacen señales, y van a los reyes de todo el mundo, para reunirlos para la batalla de aquel gran día del Dios Todopoderoso". "Entonces reunieron a los reyes en el lugar que en hebreo se llama Armagedón" (Apocalipsis 16:13, 14, 16). Una lectura cuidadosa de este pasaje revela que el Armagedón tiene que ver con ¡una batalla global final entre estos tres espíritus como ranas, los reyes de todo el mundo, y el Dios todopoderoso!

El tercero de estos "tres espíritus impuros como ranas" es descrito como saliendo "de la boca del falso profeta" y yendo "a todo el mundo" antes del Armagedón (versículos 13, 14, 16). ¿Qué querrá decir este lenguaje con tanto simbolismo acerca de un espíritu como rana hablando globalmente a través de un representante que es un falso profeta? ¿Podrá representar un sistema mundial de falsas profecías que está ahora engañando a millones haciéndoles pensar que el Armagedón es solamente un conflicto en el Medio Oriente que no tiene nada que ver con ellos?

Una plaga de ranas fue una de las 10 plagas de Egipto. La Biblia dice que "Aarón extendió su mano sobre las aguas de Egipto, y subieron ranas que cubrieron el país de Egipto" (Éxodo 8:6). Este incidente forma el fundamento para Apocalipsis 16:13. En el Antiguo Testamento, las ranas subieron de "las aguas de Egipto". En Apocalipsis 16:12, 13, las tres ranas suben de "las aguas del río Éufrates", y sus aguas representan a "pueblos, multitudes y naciones" que apoyan el Misterio, Babilonia. *La tercera rana* habla a través de un falso profeta representando un gigantesco sistema de falsa profecía que ya cubre la tierra.

La tercera rana de la falsa profecía está ahora enseñando un Armagedón en el Medio Oriente literal el cual envuelve al río Éufrates literal , China, Rusia, la nación judía y la reconstrucción de un tercer templo en la Jerusalén Antigua . Querido amigo, todo esto es falsa profecía. Es parte del "vino" de Babilonia, la cual engaña a todas las naciones (Apocalipsis 14:8; 18:23). El apóstol Pablo claramente predijo que el tiempo vendría cuando la mayoría "apartarán de la verdad el oído, y se volverán a las fábulas" (2 Timoteo 4:4). Sí, ¡estamos viviendo en un tiempo de ranas y fábulas!

¿Ha leído usted la fábula del hermoso príncipe que fue convertido en rana? ¡Qué desastre! Aun así este príncipe rana todavía poseía el poder del habla. Un día el desafortunado príncipe rana tuvo la oportunidad de encontrarse con una hermosa princesa. Abrió su boca, habló, y convenció a la doncella de que le diera un beso. Entonces, ¡Ta rán! ¡La rana se volvió príncipe nuevamente! ¿Cuál es la moraleja? La moraleja es que si nosotros hemos caído en la sutil influencia de ranas y fábulas, este es el momento apropiado para volver a ser príncipes. Necesitamos el beso de la Realeza. La Biblia dice: "Besad al Hijo" (Salmo 2:12). A través de las palabras de verdad que salen de los labios del Rey Jesús, podemos ser liberados de ¡la falsa profecía de la tercera rana!

"Entonces reunieron a los reyes en el lugar que en hebreo se llama Armagedón" (Apocalipsis 16:16). Esta es la única vez que la palabra "Armagedón" es usada en la Biblia. La verdad es que no existe en ninguna parte del mundo un lugar literal llamado "Armagedón". Es una palabra misteriosa, es una combinación de dos palabras: (1) "Ar", que significa "monte" y (2) "Maggedon", que nos hace recordar el antiguo Valle de Megido (2 Crónicas 35:22). En el Antiguo Testamento, el Valle de Megido era un lugar de batallas sangrientas y grandes matanzas. Así que, la misteriosa palabra "Armagedón" sugiere la idea de un monte de matanzas.

En profecía bíblica, la palabra "monte" es usada simbólicamente para referirse al reino global de Dios que un día "llenó toda la tierra" (Daniel 2:35, 44, 45). En Apocalipsis 16:14, leemos acerca de una reunión de "los reyes de todo el mundo" para una batalla final. Estas fuerzas mundiales de Satanás componen su reino mundial. Ellos serán reunidos para el "Armagedón", para el Monte de la Matanza. Así que, podemos concluir que el "Armagedón se refiere a la batalla mundial en la cual Satanás y su reino mundial serán finalmente eliminados por ¡el advenimiento del reino del Dios todopoderoso!

La matanza actual del reino mundial de Satanás es descrita inmediatamente después que la palabra "Armagedón" es usada. Apocalipsis 16:16-20 dice: "Entonces reunieron a los reyes en el lugar que en hebreo se llama Armagedón. Y el séptimo ángel derramó su copa por el aire. Y del Santuario del cielo salió una gran voz desde el trono, que dijo: '¡Hecho está!' Entonces hubo relámpagos, voces y truenos, y un gran temblor de tierra, un terremoto tan grande como no lo hubo jamás desde que existen hombres sobre la tierra. Y la gran ciudad se partió en tres partes, y las ciudades de las naciones cayeron. Y Dios se acordó de la gran Babilonia, y le dio la copa llena del vino del furor de su ira. Entonces toda isla huyó, y los montes desaparecieron". Contrario a la enseñanza popular de la tercera rana, estas palabras claramente describen la ira divina sobre Babilonia y una matanza mundial que ¡alcanza mucho más allá del Medio Oriente!

Antes del Armagedón, los tres espíritus como ranas "van a los reyes de todo el mundo, para reunirlos para la batalla de aquel gran día del Dios Todopoderoso" (Apocalipsis 16:14). Esta misma reunión es descrita en Apocalipsis capítulo 19. Juan escribió, "Y vi a la bestia, y a los reyes de la tierra con sus ejércitos, reunidos para combatir al que montaba el caballo y a su ejército" (Apocalipsis 19:19) Así que, la reunión para el Armagedón es una reunión de los poderes mundiales del Misterio Babilonia contra Jesucristo y su ejército. ¿Quién formará parte de su ejército? Será un ejército de ángeles que regresan con Jesús en su segunda venida (Mateo 16:27; 24:31).

El siguiente pasaje claramente describe la batalla del Armagedón, la victoria de Jesucristo, y la matanza final. "Entonces vi el cielo abierto y un caballo blanco, y su jinete se llama Fiel y Verdadero, que juzga y pelea con justicia… Vestía una ropa empapada en sangre, y su Nombre es: 'El Verbo de Dios'. Los ejércitos celestiales, vestidos de lino finísimo, blanco y limpio, lo seguían en caballos blancos. De su boca salía una espada aguda, para herir con ella a las naciones. Ellas regirá con vara de hierro, y pisará el lagar del vino del furor de la ira del Dios Todopoderoso. En su vestido y en su muslo tiene escrito este Nombre: 'REY DE REYES Y SEÑOR DE SEÑORES'" (Apocalipsis 19:11-16).

Esta es la verdad acerca de la Palabra de Dios. Las

fuerzas mundiales del reino global de Satanás vendrán marchando al Armagedón, el Monte de la Matanza. En medio de las ruinas se encontrará la tercera rana de la falsa profecía. Esa rana nunca se convertirá en príncipe. Pero ¡usted y yo sí podemos convertirnos en príncipes para Dios! Así que, rechacemos a las ranas y las fábulas para ¡poder seguir al Rey!

Capítulo 12

Truenos desde el Santuario Celestial

Entonces reunieron a los reyes en el lugar que en hebreo se llama Armagedón.

Y el séptimo ángel derramó su copa por el aire. Y del Santuario del cielo salió una gran voz desde el trono, que dijo: '¡Hecho está!' Entonces hubo relámpagos, voces y truenos, y un gran temblor de tierra, un terremoto tan grande como no lo hubo jamás" (Apocalipsis 16:16-18). Inmediatamente después que la palabra "Armagedón" es usada, el siguiente versículo se enfoca en el "Santuario del cielo". Luego se escuchan voces, truenos, relámpagos y un gran temblor. ¡Definitivamente Dios está tratando de llamar nuestra atención! Desde este contexto, la voz del Todopoderoso nos está diciendo, ¡ "Levantad vuestra mirada" hacia el Santuario celestial!

La *tercera* rana nos está llamando la atención hacia abajo a un *tercer* templo en la tierra. Esta es una estrategia llamada desviación. En 1991, durante la Operación Tormenta en el Desierto, los aliados se agruparon al oriente de Irak en el Golfo Pérsico. Así que, Sadam Hussein pensó que el ataque vendría del oriente. Sin embargo, los aliados atacaron desde el occidente. Este ataque fue exitoso porque Sadam no estaba mirando en esa dirección. Hoy, ¡la tercera rana está haciendo lo mismo! Quiere que miremos en la dirección equivocada, hacia un tercer templo reconstruido en la tierra. Si seguimos su croar, fracasaremos en aprender verdades que salvan la vida las cuales están viniendo desde otra dirección.

Nuevamente Juan escribió: "Entonces fue abierto el Santuario de Dios que está en el cielo, y quedó a la vista el Arca de su Pacto en su Santuario. Y hubo relámpagos, voces y truenos, y un terremoto y una fuerte granizada" (Apocalipsis 11:19). Aquí vemos las mismas manifestaciones del poder de Dios que leímos en Apocalipsis 16. Pero ahora estos juegos artificiales tienen que ver con la visión del "arca" en el santuario de Dios. Millones han visto la película *En busca del Arca perdida*. En ella, Indiana Jones encuentra el arca del pacto que estaba perdida. Esa película fue una fantasía, pero ¡el Apocalipsis es una realidad! Como resultado de la estrategia de desviación de la tercera rana, el conocimiento del arca celestial se ha perdido. ¿Será ya el momento de volver a tener ese conocimiento?

Las mismas manifestaciones del poder de Dios descritas dos veces en Apocalipsis ocurrieron cuando el Todopoderoso descendió al Monte Sinaí para entregar los Diez Mandamientos (Éxodo 19:16-18; 20:1-17). Los Diez Mandamientos fueron llamados "tablas del Testimonio, tablas de piedra escritas con el dedo de Dios" (Éxodo 31:18; ver también Éxodo 34:28, 29). Luego que Moisés recibiera las tablas, "Bajó del monte, y puso las tablas en el arca" (Deuteronomio 10:5). Esas dos tablas fueron colocadas en el arca, esa caja especial que a su vez fue llamada "arca del Testimonio" (Éxodo 40:20, 21).

Apocalipsis 11:19 dice: "Fue abierto el Santuario de Dios que está en el cielo, y quedó a la vista el Arca de su Pacto en su Santuario". Dentro del arca están los Diez Mandamientos. ¡Esta es una verdad que Dios quiere que veamos! Pero el diablo quiere enceguecernos. Esta es la razón de su estrategia de distracción. A través de *la falsa profecía de la tercera rana*, el gran engañador está tratando de desviar nuestras mentes hacia un tercer templo reconstruido en la tierra. Si seguimos su consejo, estaremos mirando en la dirección equivocada, no veremos el templo celestial, y ¡fracasaremos en "ver" la importancia presente de los Diez Mandamientos!

El Misterio Babilonia no sólo ha reconstruido una muralla entre los judíos y los gentiles, sino que también enseña que ¡los Diez Mandamientos fueron dados solamente a los israelitas y no a la iglesia! Pero Jesucristo, el fundador de la iglesia, declaró: "No penséis que he venido para abolir la Ley o los Profetas. No he venido a invalidar, sino a cumplir. Os aseguro que mientras existan el cielo y la tierra, ni una letra, ni un punto de la Ley perecerán, sin que todo se cumpla. Por lo tanto, el que viole uno de esos Mandamientos muy pequeños, y así enseñe a los hombres, muy pequeño será en el reino de los cielos. Pero el que los cumpla y los enseñe, ése será grande en el reino de los cielos" (Mateo 5:17-19). En estas palabras, Jesús claramente dice que deberíamos "obedecer" y "enseñar" los "mandamientos". ¡No debemos "quebrantar" ni siquiera uno!

Unos versículos después, en Mateo 5:27, Jesús citó el séptimo mandamiento: "No cometerás adulterio". Cristo comentó, "el que mira a una mujer para codiciarla, ya adulteró con ella en su corazón" (Mateo 5:28). Jesús reveló, en este pasaje, la profundidad espiritual del séptimo mandamiento, y además aplicó ese mandamiento a todos.

Unos capítulos después, Jesús reprendió a los fariseos por su forma despectiva de tratar de guardar el quinto mandamiento. Les dijo: "habéis invalidado el Mandamiento de Dios por vuestra tradición" (Mateo 15:6). En este pasaje Jesús defendió los Diez Mandamientos y condenó a los que los quebrantaban. Pero, hoy en día muchos que profesan ser cristianos colocan a Jesús en oposición a la ley de Dios. ¿Se estarán refiriendo realmente al Jesús del Nuevo Testamento? ¿Deberemos hacer esta pregunta, "¿podría el verdadero Jesús ponerse de pie?"

Santiago escribió: "Porque el que guarda toda la Ley, y ofende en un solo punto, es culpable de todos. Porque el que dijo: 'No cometerás adulterio', también ha dicho: 'No matarás'. Si no cometes adulterio, pero matas, ya eres transgresor de la Ley" (Santiago 2:10,

11). Piense en esto. ¿Cómo puede un cristiano "ser transgresor" de una ley que no existe? ¿Puede un conductor veloz recibir una boleta de velocidad por violar una ley de velocidad que no existe? Por supuesto que no. Las leyes de velocidad sí existen. Y si disminuimos la velocidad y leemos cuidadosamente las palabras de Jesús y de Santiago, descubriremos que los Diez Mandamientos todavía existen y *¡son aplicables para cada cristiano!*

Pablo es claro en sus escritos acerca de que los cristianos no son salvos por la ley, sino por la gracia de Jesucristo. "Por gracia habéis sido salvados por la fe" (Efesios 2:8). Nuevamente, "el hombre es justificado por la fe, sin las obras de la Ley" (Romanos 3:28). Pero, Pablo es también claro en esos mismos escritos en que los Diez Mandamientos continúan vigentes y tienen un propósito. ¿Cuál es el propósito? Pablo declara: "Por la Ley se alcanza el conocimiento del pecado" (Romanos 3:20). Nuevamente él dice: no "hubiera conocido la concupiscencia, sin la Ley" (Romanos 7:7).

La ley es como un espejo. La mayoría de las veces, cuando una persona se levanta en la mañana y se mira en el espejo, no le gusta lo que ve. Pero el espejo es importante. ¡Necesitamos verlo! Es igual con la ley de Dios. Si nos atrevemos a verla, quizá no nos guste lo que vemos, pero esa desagradable revelación nos ayudará a sentir nuestra necesidad de Jesucristo. Como fue escrito: "la Ley fue nuestro tutor para llevarnos a Cristo, para que seamos justificados por la fe" (Gálatas 3:24).

La Biblia dice, "Cristo murió por nuestros pecados" (1 Corintios 15:3). Pero, ¿cuáles son exactamente "nuestros pecados"? La respuesta de Dios es, "el pecado es la transgresión de la Ley" (1 Juan 3:4). Además, Pablo escribió, "por la Ley se alcanza el conocimiento del pecado" (Romanos 3:20). Así que, cuando observamos la ley, vemos "nuestros pecados", y una vez que entendemos "nuestros pecados", entonces ¡podemos entender por qué Cristo murió en la cruz! Hace 2,000 años, en las afueras de Jerusalén, sobre la cima de un monte llamado Calvario, Jesús experimentó lo que significa llevar todos nuestros pecados, la transgresión nuestra de los Diez Mandamientos. "Nuestros pecados" ¡entraron en su mente y quebrantaron su corazón! A través del infinito amor por nosotros, Jesús pagó el precio completo por la violación de los Grandes Diez. Esta es la *verdad*. Jesucristo murió en el Monte Calvario, porque nosotros quebrantamos los Diez Mandamientos dados en el Monte Sinaí.

Dios dio "otra ley" en el Monte Sinaí que tenía que ver con el templo terrenal y los sacrificios de animales. Esta ley envolvía: "Sacrificio y ofrenda, holocaustos y expiaciones… que la ley los requería" (Hebreos 10:8). De acuerdo a Pablo era esta misma "Ley de los mandatos y ordenanzas" lo que formó "el muro divisorio" entre judíos y gentiles (Efesios 2:14-16). Cuando Jesús murió, hizo "cesar el sacrificio" (Daniel 9:27). Pero esa ley de sacrificios que cesó no eran los Diez Mandamientos. Los Grandes Diez son eternos, fueron escritos en piedra, y ahora se encuentran dentro del arca en el templo celestial (Apocalipsis 11:19). La Babilonia Moderna, la cual significa "confusión", no solamente ha reconstruido la muralla entre judíos y gentiles, sino que también ¡ha clavado erróneamente los Diez Mandamientos en la cruz!

"Dios no es Dios de confusión, sino de paz" (1 Corintios 14:33). Para poder superar los engaños de la moderna Babilonia, debemos aceptar las palabras de Jesús (Mateo 5:17-19), de Pablo (Romanos 3:19, 20; 7:7, 12, 13), de Santiago (Santiago 2:10-12) y de Juan (1 Juan 3:4) acerca de la permanencia de los Diez Mandamientos. Debemos mirar directamente a los Grandes Diez y darnos cuenta de *que somos pecadores*. Luego, desprendiéndonos de toda confianza propia, debemos ¡arrepentirnos de nuestros pecados y confiar totalmente en la sangre, los méritos y el valor de Jesucristo! Solamente entonces podremos tener la promesa del perdón absoluto de todos nuestros pecados. Como fue escrito: "Si confesamos nuestros pecados, Dios es fiel y justo para perdonar nuestros pecados, y limpiarnos de todo mal" (1 Juan 1:9). Jesús nos ama. Si confiamos totalmente en él, ¡nos perdonará completamente!

Por la fe en Jesús, los creyentes "recibirán el don del Espíritu Santo" (Hechos 2:38), el "Espíritu de verdad" (Juan 16:13). El Espíritu es como una bomba atómica en miniatura que ¡puede hacer explotar el pecado y el engaño de nuestros corazones! Por el poder del Espíritu, los creyentes son capacitados sobrenaturalmente para guardar los Diez Mandamientos. Pablo escribió: "Para que la justicia que quiere la Ley se cumpla en nosotros, que no andamos conforme a la carne, sino conforme al Espíritu" (Romanos 8:4). El Espíritu Santo también trae el cariñoso amor de Jesucristo a nuestros corazones (Romanos 5:5). Y Jesús dice: "Si *me amáis, guardaréis mis Mandamientos*" (Juan 14:15, énfasis por el autor).

Esto nos trae al corazón del asunto que dividirá al Israel de Dios en el Espíritu del Misterio Babilonia. El asunto es *el amor por Jesucristo* que ¡es prácticamente demostrado al *guardar los Diez Mandamientos*! En el capítulo 14 de Apocalipsis, este mismo asunto es representado simbólicamente como siendo anunciado a todo el mundo por un *tercer ángel*. "Y el tercer ángel los siguió diciendo a gran voz... ¡Aquí está la paciencia de los santos, los que guardan los Mandamientos de Dios y la fe de Jesús!" (Apocalipsis 14:9, 12). Este mismo asunto se repite en Apocalipsis 12:17 y en Apocalipsis 22:13-15 (Versión Reina-Valera). Este asunto será claramente entendido por todos los que venzan la estrategia de desviación de la tercera rana, aquellos que miran al templo correcto, y que pueden ver el arca celestial del pacto (Apocalipsis 11:19).

Querido amigo, el verdadero "Israel de Dios" (Gálatas 6:16) se enfocará en el verdadero "Templo de Dios" (Apocalipsis 11:19) y guardará "los mandamientos de Dios" (Apocalipsis 14:12) a través de Jesucristo. No permitamos que la *tercera rana* nos separe del mensaje del *tercer ángel* hacia el falso *tercer templo*, donde ¡no se encuentra el Arca!

CAPÍTULO 13

*E*FECTIVAMENTE, 144,000 ISRAELITAS

E ntonces el dragón se airó contra la mujer, y fue a combatir al resto de sus hijos, los que guardan los Mandamientos de Dios y tienen el testimonio de Jesús" (Apocalipsis 12:17). "¡Aquí está la paciencia de los santos, los que guardan los Mandamientos de Dios y la fe de Jesús!" (Apocalipsis 14;12). Así como un "remanente" del antiguo Israel salió de la Antigua Babilonia y reconstruyó el segundo templo (Hageo 1:12), de igual manera un "remanente" final del Israel Espiritual saldrá de la Moderna Babilonia para guardar los Diez Mandamientos, los cuales se encuentran en el arca del templo celestial (Apocalipsis 11:19).

Este remanente final es mencionado en las profecías como los 144,000 (Apocalipsis 14:1-5). Son descritos como saliendo "de todas las tribus de Israel" (Apocalipsis 7:4). ¿Significa esto que todos son judíos literales? Millones de cristianos piensan de esta forma. Muchos maestros populares comparan este grupo a

"144,000 Billy Grahams judíos" que evangelizarán el mundo durante la tribulación. Pero ¿será esto correcto? Hemos visto previamente que Pablo escribió que los judíos y los gentiles son ahora "uno" y son parte del "mismo cuerpo" a través de Jesucristo (Efesios 2:14; 3:4-6). ¿Contradice las palabras de Pablo el último libro de la Biblia? ¿Reconstruiría Apocalipsis la muralla entre los judíos y gentiles que Jesucristo destruyera en la cruz? Por supuesto que no.

Vamos a colocarnos nuestros "lentes del Nuevo Testamento" y vamos a observar más de cerca. Los 144,000 son descritos "de pie sobre el monte Sion" con Jesucristo (Apocalipsis 14:1). El monte Sion es donde descansa Jerusalén. Pero en Apocalipsis, el "monte Sion" no se refiere a ningún monte en el Medio Oriente. Juan escribió: "Me llevó en espíritu a un grande y alto monte, y me mostró la gran ciudad santa, la Jerusalén que descendía del cielo, de Dios" (Apocalipsis 21:10). Como Juan estaba en "el Espíritu", así también nosotros debemos estar en "el Espíritu" para poder ver la verdad acerca del monte Sion y los 144,000. Pablo escribió a los creyentes, "Pero os habéis acercado al monte Sion, a la ciudad del Dios vivo, Jerusalén celestial,… a la congregación de los primogénitos inscritos en el cielo" (Hebreos 12:22, 23). Aquí el monte Sion es el lugar donde la Nueva Jerusalén descansa. Es el hogar de la iglesia. Y ¡es aquí donde Juan vio los 144,000!

En el Nuevo Testamento, Santiago escribió su carta "a las doce tribus que están esparcidas" (Santiago 1:1). ¿Quiénes eran estas doce tribus? En la siguiente oración Santiago los llama, "hermanos míos". Luego él les escribió acerca de "la prueba de vuestra fe" (Santiago 1:3). Así que, estas "doce tribus", a las cuales Santiago les escribió como a una unidad, ¡eran creyentes en Jesucristo! En la misma carta, él aconsejó a aquellos de estas "doce tribus" que se encontraban enfermos a "llamar a los ancianos de la iglesia" para orar en forma especial (Santiago 5:14). Por lo tanto, es muy claro que, para Santiago, las "doce tribus" ¡eran parte de la iglesia!

Los 144,000 "siguen al Cordero por dondequiera que va" (Apocalipsis 14:1, 4). Así que, estos son cristianos que aman a Jesús. Ellos no "se contaminaron con mujeres, porque son vírgenes" (Apocalipsis 14:4). Esto no significa que los 144,000 es un grupo compuesto literalmente de ¡hombres judíos solteros o célibes! ¡No! Esto sería enseñar el celibato a las masas, a lo cual Pablo llama "doctrinas de demonios" (1 Timoteo 4:1, 3;). En 2 Corintios 11:2, Pablo también usó la palabra "virgen" y la aplicó a la iglesia. ¿Y qué acerca de los 144,000 que "no se contaminaron con mujeres"? Aquí está hablando acerca de las mujeres simbólicas de Apocalipsis 17.

Una verdad atómica es que los 144,000 representan un remanente final compuesto por *el Israel de Dios en el Espíritu*, formado por creyentes judíos y gentiles, quienes no han sido "contaminados" por los engaños y las falsas profecías de la madre y las hijas del Misterio Babilonia (Apocalipsis 17:5). La razón por la que Apocalipsis se refiere a ellos como viniendo de las doce "tribus de Israel" es porque, en el proceso de abandonar la Babilonia moderna y todos sus engaños, han pasado por una "experiencia de lucha" similar con el Señor como lo hizo Jacob cuando el Señor cambió su nombre a Israel en Génesis 32.

En el comienzo de este libro nos dimos cuenta que el nombre "Jacob" literalmente significa "engañador" o "mentiroso". Este nombre era una descripción de su carácter. Jacob robó la bendición final de su padre a su hermano Esaú. Intencionalmente mintió a Isaac tres veces (Génesis 27:19-24). Como resultado de su malintencionado engaño, Jacob estuvo en el exilio durante 20 años. En su viaje de regreso a casa, Jacob descubrió que Esaú venía a su encuentro con 400 hombres (Génesis 32:6). Lleno de culpabilidad, vergüenza y terror, Jacob pensó que estaba a punto de morir por su pecado.

Luego llegó esa larga noche de lucha con el Ángel de Dios. Finalmente, antes del amanecer, Jacob se dio por vencido, arrepentido de su pecado, y se aferró del Mensajero celestial, diciendo: "No te dejaré, si no me bendices" (Génesis 32:26). Entonces vino esta respuesta del Ángel: "No te llamarán más Jacob, sino Israel, porque has peleado con Dios y con los hombres, y has vencido" (versículo 28). A través del arrepentimiento, la humildad y la fe, Jacob venció su naturaleza engañosa. Dios le dio un nuevo corazón, un nuevo nombre, un nuevo carácter. ¡Había ganado la victoria!

Esa misma experiencia que transformó a Jacob en un "Israel espiritual" es un tipo de la experiencia transformadora que tendrán los 144,000. Este es un pensamiento bastante profundo, pero es la verdad. Esta información es mucho más significativa que el descubrimiento del Titanic en 1985. Y es aplicable a nosotros. Por naturaleza somos todos como Jacob: pecadores, falsos y engañadores. Quizá, mientras lee este libro, usted haya descubierto la sorprendente verdad de que ha engañado a otros acerca de la profecía bíblica. ¡Es un pensamiento tenebroso! La Biblia dice, "El testigo falso no queda sin castigo, y el que habla mentiras no escapará" (Proverbios 19:5). Así como Esaú acudía a encontrarse con Jacob, así vendrá el Dios todopoderoso a encontrarse con el Misterio Babilonia y a castigarla por sus mentiras (Apocalipsis 18:8). Aquellos que "aman y practican la mentira" quedarán fuera de la Nueva Jerusalén (Apocalipsis 22:15). "Todos los mentirosos" terminarán en el lago de fuego (Apocalipsis 21:8). Por lo tanto, ¡la verdad acerca de Israel es un asunto de vida o muerte!

Pero ¡Jesús nos ama! En una cruel cruz él agonizó, sufrió, sangró y murió por todos nuestros pecados, ¡incluyendo nuestro pecado de engaño! Luego se levantó de entre los muertos y ascendió al cielo. Y ahora, como nuestro Sumo Sacerdote en el Templo celestial, Jesucristo nos ha entregado el libro de Apocalipsis para enseñarnos la verdad. En este momento, el Buen Pastor nos ruega que abandonemos los engaños del Misterio Babilonia antes que sea demasiado tarde. "Salid de ella, pueblo mío" (Apocalipsis 18:4), es su llamado final desde el cielo.

Pronto la moderna Babilonia "será consumida por el fuego, porque el Señor Dios que la juzgará es poderoso" (Apocalipsis 18:8).

¡Hemos llegado a nuestra noche de lucha espiritual! Pero pronto la noche terminará. Fue al amanecer cuando el Mensajero celestial finalmente tocó el muslo de Jacob (Génesis 32:24, 25). Entonces la confianza personal de Jacob finalmente fue quebrantada. Entonces él se apegó al Ángel de Dios. Así debería ocurrir con nosotros. De acuerdo a la profecía bíblica, estamos ahora al "amanecer". ¡Cristo viene pronto! ¡Oh, que el Maestro nos toque y nos quebrante! ¡Que el Espíritu Santo explote todo nuestro orgullo! Tomémonos de Jesús y juntos digamos: "¡No te dejaré, si no me bendices!"

Así como ocurrió con Jacob, si nos humillamos, nos arrepentimos de nuestros pecados y dependemos enteramente de la misericordia de Dios, el Rey de Israel no nos desamparará. Si con fe simple nos tomamos de Jesús, con seguridad nos perdonará, nos purificará, y nos dará un nuevo nombre. Por fe podemos escuchar al Maestro decir: "No te llamarán más Jacob, sino Israel porque has peleado con Dios y con los hombres, y has vencido" (Génesis 32:28). Jesucristo es la verdadera simiente de Abraham. ¡Es el Victorioso! A través de la fe en él, Dios "nos lleva siempre al triunfo" (2 Corintios 2:14). A través de Jesús, podemos escapar de los lazos del Misterio Babilonia. A través de la gracia de Dios, cada uno de nosotros puede ser, como Jacob, un "Israel espiritual".

La Biblia específicamente dice acerca de los 144,000: "En sus bocas no se halló engaño, porque son sin mancha" (Apocalipsis 14:5). Como Natanael son "verdadero(s) israelita(s), en quien(es) no hay engaño" (Juan 1:47). Vencieron al Misterio Babilonia, sus engaños y sus falsas profecías. Los 144,000 son como Jacob. Prevalecieron sobre su propia naturaleza engañosa ¡a través de la gracia de Jesucristo!

El pasaje anterior de Apocalipsis 14:5 acerca de los 144,000 tiene sus raíces en el Antiguo Testamento. "El *remanente de Israel* no cometerá injusticia, ni dirá mentira, ni en su boca se hallará lengua engañosa" (Sofonías 3:13, énfasis por el autor). Así que el remanente final de Israel estará compuesto de personas que hablen la verdad. Deben ser uno con Jesucristo, quien es "la verdad" (Juan 14:6). Deben además ser guiados por "el Espíritu de Verdad" (Juan 16:13). Compuesto tanto por judíos como por gentiles que creen en el Mesías, ellos serán el último Israel en el Espíritu de Dios. Es mi opinión personal que el número "144,000" es simbólico. Pero ya sea que fuere literal o simbólico, espero que "todos estemos en ese número, cuando los santos entren marchando a la Nueva Jerusalén".

Este libro se titula *Detonando el Engaño Acerca de Israel,* pero no es su propósito promover un antisemitismo en contra del pueblo judío, u ofender a sinceros cristianos. Sino que su objetivo ha sido iluminar las mentes y salvar almas. En este momento, la iglesia cristiana está llena de gigantescas malas interpretaciones de las profecías, la cuales no armonizan con el Evangelio de Jesucristo y el Nuevo Testamento. Por el bien de todos, ¡esta *explosión* debe tener éxito!

Si usted ha sido guiado a creer que las profecías del Apocalipsis son aplicables a un Israel en la carne, estas mentiras deben ser desenmascaradas. Si ha sido enseñado al creer que las afirmaciones del Apocalipsis acerca de Jerusalén, el monte Sion, Gog, Magog, Babilonia, y el río Éufrates se aplican a esos lugares literales, estos errores deben ser deshechos. Si usted ha aceptado la idea de que el Anticristo un día caminará en un templo judío reconstruido durante un período final de tribulación de 7 años. Esta falsa teoría necesita ser neutralizada. Si personas sinceras le han convencido que el Armagedón se centra sobre Rusia, China y el moderno Estado de Israel, entonces alguien debería de oprimir el botón que dice: "Destruir, Engaño Global". ¡Es el momento de escapar de todas las ranas y fábulas!

Cada una de estas supuestas teorías "insumergibles" muy pronto se estrellará con el témpano del Armagedón. Todas esas mentiras se hundirán como el Titanic. "Abandonen la embarcación" ¡es el grito del Capitán! "¡Salid de ella, pueblo mío!" es la súplica de nuestro Libertador que está pronto a venir (Apocalipsis 18:4). En lugar de estar buscando un Monte del Templo terrenal en el Medio Oriente, enfoquemos nuestra vista en el verdadero templo en el cielo donde nuestro amante

Sumo Sacerdote se encuentra ministrando su sangre en nuestro beneficio. Jesús es el verdadero Israel, la semilla de Abraham (Isaías 41:8; Gálatas 3:16). "Y ya que sois de Cristo, de cierto sois descendientes de Abraham, y conforme a la promesa, herederos" (Gálatas 3:16). ¡No olvide estas palabras!

Que Dios nos ayude para que seamos parte del último remanente de Israel en el Espíritu mencionado en Apocalipsis, de quien está escrito: "¡Aquí está la paciencia de los santos, los que guardan los Mandamientos de Dios y la fe de Jesús!" (Apocalipsis 14:12). Que las palabras de Pablo sean aplicables a nosotros: "Pero vosotros no vivís según la carne, sino según el Espíritu" (Romanos 8:9). Vivamos en el Espíritu *e interpretemos las profecías de acuerdo al Espíritu*. A través del amor y la misericordia de Jesucristo, que cada uno de nosotros llegue a ser "un verdadero israelita, en quien no hay engaño" (Juan 1:47).

Por favor comparta esta verdad con otros. Podría descubrir a Jesús ayudándole a oprimir el botón rojo.

Materiales Adicionales
(Steve Wohlberg)

—*Israel en la Profecía*: Una serie en audio o en video basada en este libro (tal como fue visto en la televisión). Disponible solamente en inglés.

—*Descubrimientos Judíos en las Profecías*: Serie de ocho partes en la que los judíos mesiánicos comparten su fe (solamente en video). Disponible solamente en inglés.

—*Asombrosos Descubrimientos de la Profecía Bíblica*: Serie de 24 programas que expone y explica los eventos de los últimos tiempos (audio y video) - Disponible solamente en inglés.

—*La decepción Dejado Atrás*: (libro para compartir de 78 páginas). Descubra hechos asombrosos acerca del rapto, la tribulación y el regreso de Jesucristo. Disponible en inglés y español.

—*La Verdad Dejada Atrás*: Libro con más información que en la *decepcion Dejado Atrás* sobre el rapto, el regreso de la bestia herida, el anticristo y la marca de la bestia. Disponible solamente en inglés.

—*Las Crónicas del Anticristo*: ¡*Lo que los Maestros de profecía no le están diciendo*! Esta serie está disponible en forma de libro, en video, en DVD, o en audiocasette. Disponible en inglés y DVD traducido al español.

—*¿Y... Será que mi Mascota Irá al Cielo?*: Comparte el amor de Dios con los amigos de los animales (libro). Disponible solamente en inglés.

Escriba a:
Endtime Insights
PO Box 850
Templeton, CA 93446

O llame totalmente gratis a:
1-866-862-6334

www.endtimeinsights.com

Nota especial: *Endtime Insights* está traduciendo muchos de sus materiales al español para beneficio del mundo de habla hispana. Sus donativos para apoyar esta obra serán grandemente apreciados.

—Estos recursos también están disponibles en todas las ABC a nivel nacional.